LAUREANO TURIENZO

JEFF BEZOS

LID

MADRID | CIUDAD DE MÉXICO | BUENOS AIRES | BOGOTÁ
LONDRES | SHANGHÁI

Comité Editorial: Santiago de Torres (presidente), Germán Castejón, Mª Teresa Corzo, Marcelino Elosua, José Ignacio Goirigolzarri, Santiago Íñiguez de Onzoño, Luis Huete, Pilar López, Pedro Navarro, Manuel Pimentel y Carlos Rodríguez Braun.

Colección Acción Empresarial de LID Editorial
Editorial Almuzara S.L
Parque Logístico de Córdoba, Ctra. Palma del Río, Km 4, Oficina 3
14005 Córdoba.
www.LIDeditorial.com
www.almuzaralibros.com

A member of:

businesspublishersroundtable.com

© Laureano Turienzo Esteban 2022
© Editorial Almuzara S.L. 2022 para LID Editorial, de esta edición.

EAN-ISBN13: 978-84-18952-77-7
Directora editorial: Laura Madrigal
Corrección: Cristina Matallana
Maquetación: produccioneditorial.com
Diseño de portada: Juan Ramón Batista
Impresión: Cofás, S.A.
Depósito legal: CO-1769-2022

Impreso en España / Printed in Spain

Primera edición: noviembre de 2022

Te escuchamos. Escríbenos con tus sugerencias, dudas, errores que veas o lo que tú quieras. Te contestaremos, seguro: info@lidbusinessmedia.com

A mis padres, Laureano y Rosi.
Todo lo bueno que hay dentro de mí lo hicieron ellos.

A Adriana y a Guille, que algún día,
cuando sean mayores, leerán este libro.
Y yo seré entonces la persona más
orgullosa del mundo.

ÍNDICE

INTRODUCCIÓN

Jeffrey Preston Jorgensen (Albuquerque, 1964), conocido como Jeff Bezos, es el padre de una criatura llamada Amazon que ha cambiado la forma de consumo en Occidente.

Este libro es el fruto de una década leyendo todo lo que he podido sobre este magnífico personaje, un genio con un trillón de luces y sombras. Siempre me interesó el lado humano de Jeff Bezos para comprender al Bezos que es capaz de dejar, con apenas treinta años, una prometedora carrera en Wall Street para fundar una empresa dedicada a algo tremendamente embrionario por entonces como era el comercio electrónico.

En esta obra encontrarás un personaje poliédrico que es odiado, admirado o amado, pero nunca ignorado; un personaje excepcional con cientos de personajes habitándolo.

Bezos es un tipo hecho a sí mismo, abandonado por su padre y con una madre que hizo muchos sacrificios para que saliera adelante. Es el chico raro de la clase que, siendo un adolescente de 18 años y el primero de una clase de 680 estudiantes, en su discurso de graduación en el instituto dijo que quería construir hoteles espaciales, parques de atracciones, yates y colonias que orbitaran alrededor de la Tierra para dos o tres millones de personas. Un chico cuyo objetivo en la vida era preservar la Tierra: sacar a todas las personas de ella y verla convertida en un enorme parque nacional.

Bezos es el astronauta con sombrero de vaquero que cumple su sueño (que le cuesta 5500 millones de dólares) y, durante aproximadamente cuatro minutos, siente la ingravidez en el espacio suborbital. Es el chico de 18 años que quería llevar a la humanidad fuera del planeta Tierra y que ha creado la que será la mayor organización de todos los tiempos. Todo ello en menos de quince mil días, casi cuarenta años, desde aquel discurso de fin de curso. ¿Y cómo se pasa de ser un chico normal a aspirar a ser el hombre con más dinero de la historia de la humanidad? En este libro trato de revelar cómo ha sido ese viaje.

A Bezos se le ha nombrado, con absoluta justicia, como una de las mentes empresariales más brillantes de las últimas décadas, pero también se le ha acusado de explotador. Es un personaje que ha entendido a los consumidores como nadie pero que a veces parece vivir en una realidad paralela a la de la mayoría de los mortales. Se trata de un hombre que estuvo a punto de morir en un accidente de helicóptero pero que, cuando le preguntaron si había tenido miedo o si había sido un momento de pensamientos trascendentales cuando vio que el helicóptero se caía en picado, respondió que no pasó por su cabeza ningún sentimiento demasiado profundo salvo que era una de las maneras más tontas de morir. Pero es posible que mintiera: durante esos pocos segundos mientras el helicóptero se desplomaba, seguramente calculó un sinfín de posibilidades y de porcentajes en su cerebro.

Bezos es el niño que prefería estar encerrado en su habitación leyendo en vez de jugar con otros niños al béisbol; el joven que no tenía éxito con las chicas; el mejor de su clase; aquel a quien los chicos más grandes empujaban en el patio; el muchacho que aprendió a tener un plan para todo; el joven más prometedor de Wall Street que echó su impresionantemente prometedora carrera por el retrete al ver una estadística; el chico que se preguntó si su futura esposa podría sacarle de una prisión del Tercer Mundo para decidir si era la mujer de su vida; el hombre que viste mal, delgado y desgarbado; el de la risa estruendosa que se hace fotos haciendo el loco; el fan de *Star Trek;* el hombre que conduce con su recién esposa en busca de un sueño, que empaqueta los pedidos y que hace trampas diciendo que tiene un millón de libros en su minúsculo almacén; el que no respeta las reglas del sector; aquel a quien todos veneran y a quien todos odian; el que está a punto de morir en un accidente de helicóptero pero no lo hace; el que ve más allá que los demás; el que de un día para otro es multimillonario; el peor jefe del mundo y el que cree que los empleados son vagos por naturaleza; el hombre que viste trajes carísimos y ahora está musculado; el genio que crea la compañía más brillante de todos los tiempos; el que se divorcia de su esposa, que le ayudó a crear su criatura, y se enamora de una periodista latina; el hombre que intercambia números de teléfono con príncipes herederos de Arabia Saudí pero a quien al poco tiempo hackean su teléfono; el que está obsesionado con la satisfacción individual de sus clientes pero no paga impuestos para que las comunidades donde viven sean mejores; el hombre que representará nuestra era; el que aparecerá en los libros de historia; el que salvará a la humanidad o el que ve en la salvación de esta el negocio del siglo XXI... el astronauta vaquero...

1
JEFFREY PRESTON JORGENSEN

En 1994 Jeffrey Preston Jorgensen dejó un trabajo tremendamente prometedor en Wall Street y decidió crear una empresa. Con el tiempo se convertiría en el hombre más rico de la historia de la humanidad. Jeffrey Preston Jorgensen es Jeff Bezos.

Bezos es un genio. Sabe que es un genio y que todos los demás estamos por detrás. Es un ser seguramente superior. Por eso quiere salvarnos. Bezos creó Amazon, ese ecosistema que no es solo una empresa de comercio electrónico que te lleva las cosas a tu casa rápidamente; ni siquiera es esa compañía que coló a Alexa en tu casa y que te escucha sonámbulamente, la compañía que gana premios cinematográficos, la que compra la Metro-Goldwyn-Mayer Studios ni la que va camino de conquistar el mundo occidental. Bezos creó un ecosistema total en torno a ti que aspira a ser tu única y conveniente opción. Bezos sabe que es un genio. Y todos los demás también. Warren Buffett afirmó a la *CNBC* que nunca había visto a muchos hombres de negocios como él; que había descubierto una manera de hacer más feliz a los consumidores cuando compran productos, sea mediante la entrega rápida, los precios u otras cosas. La misma *CNBC* le preguntó a Buffett cómo sería enfrentarse a Bezos en su propio terreno, y él respondió que sería como jugar al ajedrez con el maestro Bobby Fischer: «Todo terminaría en el primer movimiento».

Hace un cuarto de siglo Bezos nos dijo a los consumidores del mundo: «Ayudadnos a ser la empresa más centrada en el cliente». Y le ayudamos. Y creó la organización más centrada en el cliente de la historia. Al menos eso asegura él... y muchos analistas, y muchos estudios, y muchos consumidores, y muchos, y muchas. En 2021 Bezos nos dijo que iba a dejar el día a día en Amazon, pues quería centrarse en su misión vital más importante: salvarnos. Desea construir las bases para que la humanidad, o parte de ella, abandone este planeta. Nos espera la Luna. Desde pequeño soñó con capitanearnos. Quién sabe; quizás quiere ser el nuevo Moisés de la humanidad.

Bezos quiere llevarnos a un entorno más hostil que la cima del Everest o que la Antártida. Para ello creará enormes ciudades encapsuladas donde habitarán los humanos y serán felices. Es la terraformación de la Luna. Muchos críticos levantan la mano y se preguntan si no será mejor arreglar la Tierra, poner las medidas para que no avance el cambio climático o intentar acabar con el hambre en el mundo. Pero ellos y ellas no son genios y quizás no tengan la capacidad de contemplar lo que contempla Bezos.

Muchos científicos piensan que no tiene sentido esta diáspora de la humanidad, ya que el problema no es el número de personas en el planeta, sino el de consumidores y la escala y la naturaleza de su consumo. El número de «seres humanos modernos» *(Homo sapiens)* en la Tierra ha sido comparativamente pequeño hasta hace muy poco. Hace solo diez mil años podría haber solo unos pocos millones de personas en el planeta. La marca de los mil millones no se pasó hasta principios del siglo XIX y la de los dos mil millones, hasta la década de 1920. Sin embargo, tal como está ahora, la población mundial supera los 7300 millones y, según las predicciones de las Naciones Unidas, podría llegar a los 9700 millones en 2050 y a más de 11 000 millones en 2100. El crecimiento de la población ha sido tan rápido que no existe un precedente real al que podamos acudir en busca de pistas sobre las posibles consecuencias. En otras palabras:

si bien el planeta podría albergar a más de 11 000 millones de personas a finales del siglo XXI, nuestro nivel actual de conocimiento no nos permite predecir si una población tan grande es sostenible simplemente porque no ha sucedido nunca. Pero podemos obtener pistas si consideramos dónde se espera que el crecimiento de la población sea más fuerte en los próximos años.

David Satterthwaite, investigador principal del Instituto Internacional para el Medio Ambiente y el Desarrollo (IIED), dice que se prevé que la mayor parte del crecimiento durante las próximas dos décadas se produzca en los centros urbanos de lo que actualmente son países de ingresos bajos y medios. En su discurso de graduación como mejor estudiante de la clase de 1982 de la Miami Palmetto Senior High School, un Bezos de 18 años recién cumplidos proclamó que su visión era que millones de humanos se reubicaran en colonias en el espacio.

El periódico local *Miami Herald* informó de que su intención era «sacar a toda la gente de la Tierra y verla convertida en un enorme parque nacional». Los chicos y las chicas de 18 años no suelen pensar en salvar a la humanidad a esa edad, pero Jeffrey era un chico distinto; quizás el típico friki al que robaban el bocadillo en el recreo, que se sentaba en la primera fila y que era invisible para las chicas más admiradas. Jeffrey simplemente era un genio, y los genios suelen ser incomprendidos.

El 20 de julio de 2021 Bezos dijo a multitud de medios de prensa que era el día más feliz de su vida. Acababa de volver de su fugaz viaje espacial a bordo de la nave New Shepard para impulsar los proyectos de su compañía de cohetes Blue Origin. Después de esta experiencia quiso agradecer a los usuarios y a los empleados del gigante del comercio electrónico que hubieran costeado ese sueño que tuvo desde pequeño: «También quiero dar las gracias a todos los empleados de Amazon y a todos los clientes de Amazon, porque vosotros habéis pagado todo esto».

Ver el vídeo de la rueda de prensa de Jeff Bezos
tras llegar al espacio con su nave New Shepard.

A las 9:11 a. m. del 20 de julio, Bezos y su tripulación se lanzaron al espacio, viajando más de 62 millas en el aire. En ese momento pasaron lo que técnicamente se considera «espacio exterior» y experimentaron unos cuatro minutos de caída libre, en los que Bezos se desabrochó el cinturón y sintió la gravedad cero. Volvieron a entrar en la atmósfera a las 9:21.

Ese brevísimo viaje al espacio exterior le costó 5500 millones de dólares. Los empleados y los clientes de Amazon habían pagado esos minutos, los más felices de la vida de Bezos. Muchas gracias, Bezos, de parte de tus clientes.

Bezos ese día era ya el hombre más rico del mundo. Argumentó que realmente no lo hacía por satisfacer un viejo sueño que le acompañaba desde los cinco años, sino por el bien de la humanidad. Ese día y los posteriores las redes se llenaron de comentarios; algunos le replicaban que lo hacía porque intuía que la salvación de la humanidad sería el negocio más rentable en las próximas décadas.

Por primera vez en la historia de la humanidad las empresas miran hacia fuera de la Tierra y se preparan para un nuevo sistema económico que irá más allá de nuestro planeta, a los planetas más cercanos. Es el universalismo.

Bezos ya nos ha dicho que en no muchas décadas «millones de personas vivirán y trabajarán en el espacio». Y por ello está invirtiendo miles de millones de dólares de su bolsillo en su empresa de transporte aeroespacial Blue Origin. Una población espacial de millones de personas requerirá enormes inversiones. Y Bezos quiere estar en esa primera fase. Seguramente él no llegará a ver hechas realidad sus predicciones. Morirá antes, pero quiere ser recordado en los libros de historia como el mecenas de este paso hacia delante de la humanidad.

Y de paso... hacer negocio.

Algunos analistas ya afirman que antes del fin de esta década Bezos será la primera persona en tener una fortuna valorada en más de un trillón de dólares estadounidenses. ¿Cómo puede una persona en menos de tres décadas acumular una fortuna tan insondable? Esto es lo que me interesa de un personaje como Bezos: ¿cómo es posible pasar en menos de treinta años de ser un «tipo normal» a aspirante a «hombre más rico de la historia de la humanidad»? ¿Qué pasó en esos 10 950 días?

Bezos ya no es Jeffrey Preston Bezos. Solo basta ver fotos suyas de hace unos quince años. La transformación física es extraordinaria. Antes era un tipo de aspecto olvidable con pintas de empollón despistado que vestía pésimamente. Hoy es un hombre musculado, perfectamente vestido, que viaja al espacio exterior y que sonríe en la rueda de prensa con su traje de astronauta y su sombrero de vaquero. Esa transformación estética revela lo que ha sucedido en estos años.

Bezos sabe que es escandalosamente rico (fue el hombre más rico del mundo hasta el 2022, año en el que fue destronado por Elon Musk) y debe ser duro encabezar la lista de los hombres más ricos del mundo y saber que no eres inmortal. Si al menos pudiera comprar algo más de vida... Por eso quizás se rumorea que ha hecho una inversión millonaria en Altos Labs, una *startup* que rejuvenece las células en el laboratorio y se ocupa de la reprogramación biológica. En otras palabras: intenta lograr que vivamos más.

Bezos es el padre de algo que se llama Amazon. Quiere que casi todos los hogares del mundo avanzado tengan algún miembro adherido a su programa de membresía Prime Member; desea cambiar las formas de consumo del siglo XXI. Su ambición, creatividad y visión de negocio no tienen antecedentes en la historia del *retail*.

Poner en duda que Bezos es un genio de los negocios es absurdo. Fue y es un visionario y ha aportado muchísimo al *retail* mundial. Cuando pasen varios siglos la mayoría de nosotros seremos engullidos por el olvido de la historia, pero Bezos quedará, será estudiado obsesivamente en las universidades y en las escuelas de negocio; será el hombre de nuestra época; nuestro héroe y nuestro villano.

Bezos siempre ha alardeado de eso llamado *customer centric* (poner al consumidor en el centro); tanto, que es público su correo electrónico: jeff@amazon.com.

No es broma. Es su correo, y es público. Puedes enviarle un correo electrónico si quieres. Haz la prueba. Es evidente que hay muchas opciones de que no te conteste o de que lo lean subordinados para hacer un filtro antes de pasárselo al jefe. Pero el caso es que es su dirección de correo. Yo he hecho la prueba varias veces... No hubo respuesta, pero quién sabe, quizás algún día le envíe este libro.

Bezos afirma en su libro *Invent and Wander: The Collected Writings of Jeff Bezos* que ve muchos de los correos que le envían y utiliza su curiosidad para seleccionar algunos. Y reconoce que la mayoría están relacionados con fallos de su compañía. Bezos asegura que se toma estos correos en serio y que, si recibe una queja, inmediatamente pide a alguno de los equipos que haga un estudio del caso y resuelva el problema.

Pero ¿es de verdad su correo electrónico? ¿El hombre más rico del mundo lee los correos que le envían sus clientes, los que pagaron su viaje estelar de diez minutos y de miles de millones de dólares? Sí y no.

Esa dirección es real y pertenece a Bezos pero, como puedes imaginar, tiene asistentes que clasifican su bandeja de entrada por él, según Brian Krueger, antes vicepresidente de Adquisición de Talento Global de Amazon. Los correos electrónicos que requieren los ojos de Bezos van a una carpeta que revisa personalmente. Esto incluye los internos de su equipo de Amazon. Si Bezos recibe el correo electrónico y lo reenvía a alguien de su equipo, generalmente es con un solo carácter: un signo de interrogación (?).

¿Imaginas cómo debe ser recibir un correo titulado (?) del hombre candidato a ser el hombre más rico de la historia de la humanidad sobre un pedido de un pueblo perdido de Ohio porque resulta que el gato de peluche que una abuela ha comprado para dar una sorpresa a su nieto es una mierda de mucho cuidado y pide que le devuelvan echando leches su dinero? ¿Puedes imaginar el rostro del sujeto que está ahí enfrente de la pantalla del ordenador?

Son las cosas de Bezos.

Todos los años envía una carta a todos sus accionistas para informar de la situación de Amazon, de sus planes de futuro y de otros aspectos macroeconómicos. Sin embargo, la carta que recibieron en 2020 se trataba más bien de un largo comunicado donde informaba de que se despedía de su posición de director ejecutivo (CEO) de la compañía y donde repasaba todo lo que había sucedido en Amazon en estos años. A pesar de estar en plena pandemia mundial, solo mencionó una vez la COVID-19, y lo hizo para explicar que Amazon brindaba un entrenamiento con los empleados excelente que resultaba positivo en el 82 % de los casos y que la compañía solo había prescindido del 2.6 % de su plantilla debido a su incapacidad para realizar su trabajo, resaltando que «ese número fue aún menor en 2020 debido al impacto operativo de la COVID-19».

En 2020 habían muerto en todo el mundo varios millones de personas por la pandemia. Estábamos confinados, inseguros y temerosos ante el mayor impacto emocional y humano desde la Segunda Guerra Mundial. No creo que ningún CEO del mundo hiciera una mención especial de esta situación y de su impacto en las personas, en el negocio, en el mercado a sus accionistas... y mucho menos que lo mencionara de paso. Bezos sí.

2
¿CÓMO EMPEZÓ TODO?

En 1994 a Jeff Bezos se le ocurrió lanzar al mundo una empresa con nombre de río ciclópeo desde el garaje de una casa de Seattle. Ese año fue convulso: entre abril y julio unas ochocientas mil personas fueron asesinadas en Ruanda en las guerras étnicas entre hutus y tutsis; murieron Kurt Cobain, Jacqueline Kennedy y Richard Nixon; Nelson Mandela se convirtió en el primer presidente negro electo en Sudáfrica; otorgaron el Premio Nobel de la Paz a Arafat, Peres y Rabin... y comenzó la era del comercio electrónico.

Ese año solo el 0.447 % del mundo tenía acceso a Internet, pero esa cifra estaba creciendo exponencialmente. Un año antes había sido del 0.252 % y en 1995 sería del 0.777 %. Para que te hagas una idea, hasta noviembre de 1994 la Casa Blanca no tenía un sitio web.

Para entender cómo era Internet en el año en el que Amazon comenzó a vender, debemos remitirnos al maravilloso estudio realizado en febrero de 1995 por la famosa analista de Internet y tendencias tecnológicas Mary Meeker y su equipo de Morgan Stanley. Se trata de uno de los informes más importantes de la historia del *retail*, posiblemente el documento más visionario y lúcido sobre lo que sería Internet años más tarde, donde cartografía una nueva forma de consumo que lo cambiaría todo. Son 322 páginas brillantes a las que puedes acceder a través del siguiente código QR. Este estudio se realizó tan solo veinte años después de que Bill Gates creara Microsoft junto con Paul Allen y hablaran de una meta ambiciosa: poner un ordenador en cada escritorio de cada hogar.

Ver el estudio de tendencias de Internet de Mary Meeker de 1995.

Por aquel entonces una encuesta realizada por Dataquest mostró que en el 60 % de cien organizaciones medianas y grandes en EE. UU. todos los departamentos tenían algún acceso a Internet, sobre lo que Mary Meeker apuntaba: «Se estima que hay ciento cincuenta millones de usuarios de PC en todo el mundo, y de estos, 35 millones (23 %) han usado el correo electrónico en sus negocios, nueve (6 %) la web y solo ocho (5 %) un servicio en línea. Sentimos que ese correo electrónico, el acceso en línea/web, puede ser omnipresente para los usuarios de PC dentro de una década».

En 1995 unas cuarenta mil empresas utilizaban la web para publicitar, ofrecer servicios, comunicar o vender productos y servicios directamente a través de Internet. En ese momento se podían comprar todo tipo de productos en línea, de flores a ropa, y recibirlos en casa, aunque, como puedes imaginar, muy pocos consumidores optaban por este nuevo canal para hacer sus compras.

Pero eso de recibir cosas en la casa de los consumidores era ya muy viejo. La venta directa o por correo era común en Europa y en Norteamérica. En EE. UU., por ejemplo, la cadena estadounidense Sears enviaba su catálogo de productos a veinte millones de estadounidenses en 1900, cuando la población era de 76 millones.

Según la Asociación de Marketing Directo, en 1992 en este mismo país más de diez mil empresas de venta por correo enviaron 13.5 mil millones de catálogos y alrededor del 55 % de los adultos norteamericanos compraron por correo por valor de 51.5 millones de dólares. Estas cifras habían ido en constante aumento y subieron abruptamente durante la década de 1980, cuando los negocios de venta por correo crecieron al triple de la tasa de la mayoría de los minoristas.

Hacia finales de 1994 unos 98 millones de norteamericanos realizaron compras desde casa por valor de 60 000 millones de dólares, casi todas a través de pedidos telefónicos mediante catálogos por correo y canales de compra por televisión, según un reportaje de *TIME* de la época.

El 12 de agosto de 1994 se publicó un artículo mítico en *The New York Times* donde se contaba la historia de la primera compra realizada por Internet. En dicho artículo, cuyo título se traduciría como: «Atención, compradores: Internet está abierto», se habla de un tal Phil Brandenberger, de Filadelfia, quien se conectó a un ordenador y usó un código secreto para enviar su número de tarjeta de crédito Visa para pagar 12.48 dólares más los costes de envío por un disco compacto (CD) de Sting, *Ten* Summoner's *Tales*. Según muchos analistas esa fue la primera transacción minorista en Internet.

Ver artículo de *The New York Times:*
«Atención compradores, Internet está abierto».

En 1994 Bezos había dejado su brillante empleo como vicepresidente de D. E. Shaw & Co., una empresa de Wall Street, para fundar Cadabra. ¿Pero por qué? La culpa la tuvo un hombre apellidado Quaterman.

Estamos en Seattle, octubre de 1996. Erik Lundegaard es un joven que trabaja como *freelance* especializado en críticas de cine y libros. *The Seattle Times* lo llama para que entreviste a un tipo llamado Jeffrey Preston Bezos. Apenas ha pasado un año desde que Amazon ya es una realidad. Erik entra en la habitación. Dice que iba preparado para hablar sobre literatura, pero resulta que Bezos no sabe mucho sobre ello y terminan hablando sobre tecnología y negocios.

En dicha entrevista Erik le pregunta cómo se le ocurrió crear Amazon. Entonces Bezos le confiesa que en la primavera de 1994 se encontró con un tipo llamado Quaterman que en esos momentos estaba recopilando estadísticas sobre el crecimiento en Internet. Bezos cuenta a Erik que nadie sabía cuántas personas estaban diariamente en línea. Quaterman le indica a Bezos que, según sus estimaciones, la tasa de crecimiento podría ser del 2300 % al año. Y Bezos no da crédito: nunca ha visto crecer nada de esa forma, y eso que en esos momentos estaba trabajando para un banco de inversiones muy especializado en la ciudad de Nueva York llamado D. E. Shaw & Co., el mayor fondo de cobertura cuantitativo del mundo.

Entonces Bezos se preguntó qué tipo de negocios podrían triunfar en la Red. Tenía que ser uno en el que la propuesta de valor para el cliente fuera increíblemente alta, pero cabe recordar que en ese momento se estaba en el Paleolítico del comercio electrónico y aquellos eran los primeros días de Internet con uso comercial directo a los consumidores. Bezos hizo una lista de veinte productos y los clasificó, buscando el mejor para vender en línea. Entre los cinco primeros estaban suscripciones a revistas, *hardware* y *software* de ordenador y música. Finalmente, se decantó por los libros porque se dio cuenta de que había millones de títulos activos e impresos en todo el mundo en todos los idiomas y eso era clave para desarrollar una tienda en Internet donde podría vender miles, cientos de miles, cosa que no podría hacer una librería normal, ya que un ordenador podría clasificar, buscar y organizar mucho mejor que una tienda física. Por aquel entonces las librerías más grandes del mundo tenían alrededor de 175 000 títulos. Una tienda digital en Internet podría superar de largo esa cantidad. Y, lo más importante, Bezos sabía que no debería tener un inventario físico de todos los libros, como pasaba en las librerías de calle. También contó a Erik que Amazon tenía cinco categorías de entrega de libros al cliente: entregas dentro de las 24 horas, en dos a tres días, en una a dos semanas, en cuatro a seis semanas y en cuanto el libro estuviera disponible. De esta forma Amazon solo tenía en inventario en sus almacenes los libros que se indicaba que podían tenerlos los compradores en 24 horas, que eran los libros más vendidos.

Bezos detalló a Erik que en la categoría de dos a tres días de tiempo de entrega había unos cuatrocientos mil títulos, que eran los que pedían a los mayoristas próximos a Seattle, como Pacific Pipeline o Ingram. Bezos había ubicado su empresa en Seattle precisamente porque estaba cerca de los almacenes de los grandes mayoristas en EE. UU., lo que le permitía utilizar una red de una docena de mayoristas para tener acceso rápido a esos títulos más vendidos. Luego había unos quinientos mil títulos en los que se retrasaba la entrega hasta seis semanas; Amazon recibía estos títulos de veinte mil editores.

Bezos también contó en la entrevista de su deseo de aumentar la cantidad de interacciones de cliente a cliente y de cliente a autor. Su objetivo era configurar la tienda en línea de tal modo que cada cliente tuviera un perfil personalizado y que se le mostraran títulos conforme a las preferencias que hubiera indicado anteriormente en una lista de cien libros que pertenecían a un género determinado. Y si, por ejemplo, nunca leía novelas románticas, jamás se le mostraban libros de esa temática.

En 1996, el año en el que se realizó esta entrevista, además de Amazon, había solo en EE. UU. más de mil libreros en línea, aunque Amazon era el más conocido y grande. Su gran competidor era Book Stacks Unlimited, creado en 1992, tres años antes que Amazon, y que llegó a tener seis millones de visitantes anuales. Su fundador, Charles Stack[1], fue un visionario olvidado que creó la primera librería en línea del mundo; a él le debe mucho Bezos. Stack vendió el negocio en 1996 por 4.2 millones de dólares a la empresa que desde entonces se convirtió en Cendant Corporation.

En la entrevista Bezos también habló sobre cómo podía afectar a las librerías físicas el ascenso de una empresa como Amazon y sobre las grandes diferencias entre la compra digital y la física. Explicó también que Amazon tenía estructuras de costes más bajas porque gastaba dinero solo en cosas importantes para los clientes. Por ejemplo: los escritorios de la empresa estaban hechos de puertas viejas, pero tenían los mejores servidores del mundo y contrataban a los programadores con más talento del mercado.

Es 1996 y Bezos demuestra con sus respuestas no solo que es un genio, sino también un visionario: contó que las librerías físicas se convertirían en los mejores lugares para estar, que tendrían mejores cafés y sofás en ambientes más cómodos y que «serían más experienciales». Confesó que él compraba la mitad de sus libros en las librerías físicas porque le gusta estar en ellas: «Las buenas librerías físicas son como los centros comunitarios de finales del siglo XX. Tienen grandes autores y puedes conocerlos y darles la mano, y eso es algo diferente. No puedes replicar eso en línea».

En ese año Amazon publicaba ya comentarios de los consumidores sobre los libros. Y Bezos declaró en la entrevista que estaba de acuerdo en publicar todo tipo de comentarios, incluso los que destrozaran el libro, porque eso ayudaría a las personas a tomar decisiones de compra, lo que era bueno para Amazon.

En ese momento, con apenas 15 meses de vida y un crecimiento del 34 % al mes, Amazon apenas tenía poco más de cien empleados. Bezos señalaba que ese porcentaje mensual suponía un crecimiento del 3000 % al año. Una de las cosas más interesante de esta entrevista fue la revelación de Bezos de que en esos meses se cambiaron cuatro veces de oficinas porque todas se iban quedando pequeñas a medida que crecían y de que en ese tiempo también habían enviado libros a más de 95 países.

También explicó cómo habían abierto su sitio web a terceros, que llamaron Programa de Asociados, y en apenas dos meses ya tenían más de mil sitios web asociados. Puso el ejemplo de uno que solo vendía libros sobre meteoritos. Como es lógico, si abriera una tienda en el mundo físico donde solo se vendieran libros sobre meteoritos, sería un desastre. Y Bezos hizo una reflexión en ese sentido: «Se me ocurrió la idea al tratar de averiguar cómo puede amazon.com convertirse en experto en las trescientas mil categorías de temas específicos de la Biblioteca del Congreso. Simplemente no hay forma. Pero existen esos expertos por ahí. Y ya tienen sitios web. Que lo hagan ellos».

En esa entrevista habló de muchas cosas a Erik, como que su libro favorito es *Dune,* de Frank Herbert, pero también mencionó otros, como *Los restos del día,* de Kazuo Ishiguro, o la biografía de *sir* Richard Francis Burton.

Ver entrevista de Erik Lundegaard
a Jeff Bezos en 1996.

Durante mucho tiempo me interesó saber quién era ese tal Quarterman. Al fin y al cabo, Bezos le debe mucho. ¿Quién sabe? Si no se hubiera topado con él, ¿hoy existiría Amazon? Me fue muy difícil dar con esta persona, ya que en todas las entrevistas Bezos se refería a él como un tal Quarterman, pero no había ningún rastro del que tirar. Hasta que di con esta noticia de WWALS[2], una organización benéfica educativa que aboga por la conservación de las cuencas hidrográficas de ríos de Georgia y Florida, y encontré el hilo del que tirar. John S. Quarterman[3] resultó ser un demógrafo de Internet de Austin, Texas, que dirigía MIDS Inc., una empresa de consultoría de Internet. Bezos oyó hablar de él y fue a visitarle. Hoy es un agricultor y defensor del medioambiente de Georgia.

El 21 de agosto de 1994 Bezos publicó este anuncio de trabajo en Usenet, un sistema similar a los foros de discusión en Internet, en el que buscaba desarrolladores de Unix de gran talento en Seattle. Al igual que la mentalidad y cultura de la empresa, Bezos esperaba que los candidatos trabajaran de forma inteligente, rápida y colaborativa. Quería que diseñaran y construyeran sistemas grandes y complejos «en aproximadamente un tercio del tiempo que la mayoría de la gente competente cree posible». Si encontraba al candidato adecuado, estaría dispuesto a pagarle la mudanza si fuera necesario.

Ver anuncio de trabajo de Jeff Bezos para Amazon.

En la primavera de 1995 Bezos invitó a un pequeño grupo de amigos y antiguos colegas a ver una versión beta del sitio web de Amazon. El 16 de julio de 1995 Amazon se presentó como vendedor de libros en línea y se anunció con el reclamo publicitario: «Un millón de títulos en su catálogo, la librería más grande de la Tierra». Y el 4 de octubre de ese mismo año a las 12 h Amazon lanzó un comunicado a una persona que no estaba al otro lado, una especie de botella con mensaje lanzado a la inmensidad del océano con la esperanza de que alguien lo leyera: «La librería más grande del mundo abre sus puertas en la web. amazon.com ofrece más de un millón de títulos y recibe pedidos de más de 45 países en las primeras cuatro semanas».

En el comunicado Bezos dejó constancia en todo momento del alcance, la magnitud y las ventajas de amazon.com: «amazon.com ofrece a los consumidores una experiencia de compra que sería imposible sin Internet. Una librería física tan grande como amazon.com es económicamente imposible porque ninguna área metropolitana es lo suficientemente grande para albergar una tienda tan gigantesca. Si amazon.com imprimiera un catálogo de todos sus títulos, sería del tamaño de siete guías telefónicas de la ciudad de Nueva York.

Los navegadores de la World Wide Web han reconocido rápidamente el valor único de amazon.com. Solo en sus primeras cuatro semanas de operación, la organización envió libros a clientes en los cincuenta estados y más de 45 países.

Desde la ciencia ficción hasta la cocina, pasando por la ficción literaria y las últimas publicaciones técnicas y de informática, amazon.com se esfuerza por ofrecer todos los libros impresos. La compañía hace descuentos del 10 al 40 % en todos los títulos menos comunes. «Nuestro lema es: "Si está impreso, está disponible"». Además el presidente de amazon.com deja clara su apuesta por la personalización para sus clientes según gustos e intereses: «La compañía también ofrece la suscripción gratuita a su servicio de notificación personal Eyes & Editors, que permite a los clientes registrar sus intereses en autores, categorías, temáticas o títulos particulares. Siempre que se publica un nuevo libro de interés, amazon.com envía automáticamente al cliente un mensaje de correo electrónico para notificarle la disponibilidad del libro. Además, amazon.com permite a los lectores compartir sus pensamientos sobre libros en particular e intercambiar ideas con otros lectores de todo el mundo en la página de reseñas de sus usuarios».

Ver comunicado del lanzamiento de amazon.com.

Unos días antes Bezos ya había logrado un hito: que el principal periódico de la ciudad, *The Seattle Times,* se fijara en él y apareciera en su portada del 19 de septiembre de 1995.

Fuente: *The Seattle Times*.

Tanto el primer comunicado de Amazon como la portada de *The Seattle Times* propagan algo falso. Toda la publicidad de Amazon en los primeros años se basaba en que era la librería más grande del mundo, que tenía más de un millón de libros, pero era mentira: solo disponía de varias decenas de miles de los títulos que más rotaban.

¿Cómo trabajaba entonces Amazon? Sus almacenes de Seattle (y más tarde el de Delaware) tenían almacenados los libros más populares, pero en absoluto millones de libros, como Bezos no paraba de alardear y de usar como mensaje fundamental de su marketing. La compañía estuvo durante mucho tiempo no diciéndole la verdad a sus clientes.

Amazon solicitaba a los editores o mayoristas el libro solo después de recibir el pedido pagado. En aquellos años los tiempos de entrega eran muy largos, por lo que le daba tiempo a recibir el pedido (ya pagado), solicitar el libro a los mayoristas cercanos a Seattle, recibirlo, empaquetarlo y enviarlo.

En una entrevista de 1999 Bezos confesó a la revista *Wired* que el problema con el que se encontró era que los mayoristas tenían pedidos mínimos de diez libros, por lo que trató de negociar con ellos pagarles una pequeña tarifa a cambio de que renunciaran al pedido mínimo. Pero estos no aceptaron la propuesta. Poco después el equipo de Amazon descubrió una laguna en las condiciones de los mayoristas; comprendió que Amazon tenía que hacer un pedido mínimo de diez libros, pero si, por ejemplo, no tenían cuatro de esos diez libros solicitados, los mayoristas se los enviaban igualmente, así que encontraron un libro sobre líquenes que ninguno de sus mayoristas tenía realmente. Durante años Bezos se estuvo jactando de cómo les engañó.

Un par de años después el mayor *retailer* de EE. UU. en la distribución de libros demandó a Amazon. La demanda, presentada en un tribunal federal de Manhattan, decía que amazon.com, con sede en Seattle, afirmaba falsamente en sus anuncios y en su sitio web ser «La librería más grande del mundo», sosteniendo que tenía un número de títulos «mucho mayor» que Barnes & Noble. Esta librería opera 439 supertiendas de libros y 569 tiendas en centros comerciales en EE. UU. «Barnes & Noble almacena más libros que Amazon y no hay libro que Amazon pueda obtener que Barnes & Noble no pueda», dijo la compañía en su demanda.

Antes de llamarse así Amazon tuvo otros nombres: Cadabra nació el 5 de julio de 1994, pero este nombre no era lo suficientemente brillante, así que Bezos lo cambió por Relentless; pero tampoco terminaba de convencerle, por lo que, finalmente, escogió Amazon, nombre inspirado en el río Amazonas. Bezos, su creador, apostó a lo grande: el río más largo del mundo. El nombre sería premonitorio de lo que luego ocurrió.

El primer libro vendido y remitido al comprador, por 27.95 dólares, fue *Fluid Concepts and Creative Analogies: Computer Models of the Fundamental Mechanisms of Thought,* de Douglas Hofstadter. Y lo compró un ingeniero de *software* australiano que vivía en Sunnyvale, California. Se llamaba John Wainwright, y el 3 de abril de 1995 se convirtió en el primer cliente de Amazon. Unos años después se levantó un edificio en el campus de Amazon de Seattle con su nombre. El edificio de oficinas Wainwright de Amazon se encuentra en el 535 Terry Avenue North en Seattle.

El 15 de mayo de 2017 *MarketWatch* logró localizar a Wainwright y lo entrevistó. Durante la entrevista contó cómo hizo su primera compra en amazon.com: él era un amigo muy cercano de Shel Kaphan[4], el que fue el primer empleado de Amazon y que había trabajado con él en una empresa conjunta de Apple/IBM llamada Kaleida Labs hasta que este la dejó para ir a trabajar a Amazon. Kaphan envió un correo electrónico a Wainwright y le dijo que creara una cuenta y que pidiera algún libro. Wainwright pensó que le iba a regalar uno, pero tomaron los datos de la tarjeta que había indicado y le hicieron un cargo. Acababa de realizar la primera compra en amazon.com.

En la entrevista también le preguntaron si todavía tenía el libro de Douglas Hofstadter y confesó que aún lo tenía en la estantería y que esperaba que alguna vez fuera Bezos y le ofreciera una gran cantidad de dinero por él. Tantos años después el libro aún se vende en Amazon[5].

 Ver la entrevista de *MarketWatch* a John Wainwright: «Conoce al primer cliente de Amazon: este es el libro que compró».

Un año después de su nacimiento, amazon.com tenía más de dos mil visitantes al día; dos años después ya eran cincuenta mil...

Bezos había dado en el clavo. Pero realmente en 1995 la librería más grande de todos los tiempos era apenas una minúscula empresa formada por Bezos, su esposa MacKenzie, Shel Kaphan y seis colaboradores más.

Bezos se refirió a Kaphan como «la persona más importante en la historia de amazon.com». Pero la relación actual es inexistente. En 1999 contrató a dos nuevos gerentes de tecnología y nombró a Kaphan director de tecnología (CTO), una forma muy sutil de quitárselo de en medio.

Paul Davis[6] fue el segundo empleado de Amazon y trabajó de la mano Kaphan. Solo estuvo de otoño de 1994 a mediados de 1996, pero fue una figura clave para el desarrollo de Amazon. Más tarde confesaría en una entrevista a *Business Insider* que se fue a pesar de que le ofrecieron acciones y otros incentivos para quedarse porque era una persona con perfil técnico y tenía poco interés en desempeñar un papel en el crecimiento de la empresa. En esta otra entrevista explica toda su experiencia:

Escucha la entrevista a Paul Davis, el segundo empleado de Amazon.

Los otros cinco primeros empleados se llamaban: Nicholas Lovejoy, quien dejó la empresa en 1998 para ir de mochilero por el mundo con su novia de entonces, Laurel Canan, Susan Benson, Tom Schonhoff y Eric Benson[7]. Ninguno de los siete sigue en Amazon. Lo abandonaron. Hoy la mayoría de ellos viven en Seattle. Quizás de haber seguido hoy serían millonarios, pero la mayoría han confesado que son personas felices.

¿Qué buscaba Bezos en sus colaboradores? En 1998, en una carta a sus accionistas, dio a conocer las tres preguntas que solía hacerse para elegir a las personas correctas:

1. ¿Admirarías a esta persona?
2. ¿Esta persona mejorará la efectividad del sector?
3. ¿En qué área podría ser una superestrella esta persona?

3
JEFF, EL LIBRERO

En 1994 Jeff Bezos era el vicepresidente sénior más joven en la historia de D. E. Shaw & Co, un banco de inversión con sede en Wall Street... Hasta que internet se cruzó en su camino

Poco después, cuando amazon.com tenía solo unos diez meses de vida, *The Wall Street Journal* publicó un artículo titulado «El genio de Wall Street encuentra su nicho vendiendo libros en Internet» donde hablaba de que en 1994 Bezos, un programador prodigio de Wall Street, cayó repentinamente bajo el hechizo de una de las propuestas comerciales más dudosas de los tiempos modernos, la venta minorista en Internet, y de repente dejó su trabajo, amontonó sus pertenencias en una camioneta, ordenó a los de la mudanza que se dirigieran hacia el oeste y luego se subió a su automóvil para redactar un plan de negocios y elegir un destino más específico.

Bezos, un modesto hombre por aquel entonces de 32 años con cabello castaño ralo y vaqueros deshilachados, había construido silenciosamente un negocio de rápido crecimiento donde los comerciantes más poderosos del mundo habían acumulado principalmente fracasos. La compañía que había formado el verano anterior, Amazon.Com Inc., había identificado uno de los pocos productos que la gente realmente quería comprar en línea: libros.

Ver el artículo de *The Wall Street Journal:*
«El genio de Wall Street encuentra su
nicho vendiendo libros en Internet».

Bezos confesó en octubre de 1996 en otra entrevista concedida
a la revista *Fast Company* las razones por las que eligió Seattle para
ubicar su empresa. Y es que sonaba contradictorio, pero la ubicación
física era muy importante para el éxito de un negocio virtual. Podría
haber iniciado amazon.com en cualquier lugar, pero escogió Seattle
porque cumplía un riguroso conjunto de criterios: había allí mucho
talento técnico, estaba cerca de un lugar con gran cantidad del almacenes de libros y se trataba de un buen sitio para vivir puesto que
«las grandes personas no trabajarán en lugares en los que no quieran
vivir». También porque era un estado pequeño, con menor presión
fiscal. Además, se hallaba cerca de Roseburg, Oregón, que tenía uno
de los almacenes de libros más grandes del mundo perteneciente a
uno de los mayores distribuidores del país.

Bezos alquiló una casa de tres dormitorios en la ciudad de
Bellevue, Washington. La realidad —o la leyenda— dice que utilizó
el garaje para desarrollar Amazon. Irónicamente mantuvo reuniones
con posibles empleados y proveedores en una supertienda cercana
de Barnes & Noble, por entonces el gran *retailer* del sector de los
libros que Bezos pretendía reducir a la insignificancia desde eso que
estaba creciendo tanto llamado *Internet*.

Bezos declaró que la filosofía corporativa de amazon.com era
simple: «Si es bueno para nuestros clientes, vale la pena hacerlo». Su
objetivo era que las personas visitaran amazon.com, se encontraran
con lo que querían, descubrieran cosas que no sabían que querían y
se fueran sintiendo que tenían un nuevo lugar favorito para comprar.
Según Bezos, Amazon gastaba solo para mejorar su marca y su reco-
nocimiento. Durante la primera mitad de 1996, el gasto en publicidad
web fue de más de 340 000 dólares, y llegó a ocupar el puesto 34 en
el *ranking* de gasto en publicidad web. Los gastos en este apartado
siguieron creciendo sin pudor, y ya en el segundo trimestre de 1998
Amazon invirtió 26.5 millones de dólares en marketing, el equivalente al 23 % de las ventas. Desde julio de 1995 hasta 1998 Amazon

duplicó su tamaño cada 2.4 meses. Cuando se fundó la empresa en 1995, el plan era ser rentable en cinco años...

En junio de 1998 Amazon amplió su línea de productos para incluir música, así que de pronto ofreció más de 125 000 títulos, diez veces la selección de CD de una tienda de música de los grandes *retailers* del sector. Y ofrecía descuentos del 40 %. Al igual que ocurrió con los libreros, el sector se puso en pie.

Fue entonces cuando *The Wall Street Journal* y otros importantes medios publicaron artículos indicando que ampliar su negocio a la distribución de vídeos y música era un gran error, a lo que Bezos contestó que la tienda de música dentro de amazon.com se diseñó con la ayuda de más de veinte mil clientes que respondieron a su invitación de «construir la tienda de música de tus sueños». Muchas de las funciones de su nueva tienda de música eran el resultado directo de estas sugerencias. Los clientes le dijeron que querían un sitio que fuera tan rico en contenido y selección musical como la librería amazon.com, con los mismos precios, características y servicio al cliente excelente. Además, Bezos argumentó que la marca Amazon debía significar precio, conveniencia, servicio al cliente y una gran selección y que existía una gran ventaja al expandirse a otras categorías de productos, pues los costes de adquisición de clientes serían significativamente más bajos y también los relacionados con el valor del tiempo de vida de estos.

A finales de 1996 Amazon facturaba 15.6 millones de dólares (los ingresos para una gran supertienda de Barnes & Noble ascendían en aquellos momentos a alrededor de cinco millones de dólares en promedio por año). Ya había conseguido un hito: su tienda.com triplicaba los ingresos medios de una tienda estándar de Barnes & Noble.

La empresa cada vez ingresaba más, así que Bezos decidió hacerla pública con una oferta pública inicial (OPI) de tres millones de acciones. Pero justamente en ese momento Barnes & Noble lanzó su tienda en línea y demandó a amazon.com por afirmar que era la librería más grande del mundo y logró derrumbar los precios para canibalizar a todos los clientes que había ido acumulando Amazon en sus pocos meses de vida. Bezos, lejos de acobardarse, contraatacó con una contrademanda propia.

En enero de 1997, en una entrevista a la revista *Wired,* Bezos confesó que era optimista sobre el futuro de la venta de libros en

Internet. El periodista John McChesney le preguntó si amazon.com podía resistir el desafío de Barnes & Noble y Bezos le contestó que no entendía al gigante del *retail* estadounidense de libros con tiendas en casi todos los estados, y puso el siguiente ejemplo: «Puedes ser el más grande de varias formas: Rusia por su masa terrestre, China por población y nosotros por la cantidad de títulos que ofrecemos a la venta. Pensamos que la demanda que nos han interpuesto no tiene sentido y vamos a defendernos enérgicamente». Pero Bezos reconoció también que Barnes & Noble era la librería más grande del mundo en términos de ingresos y de plantilla, pues por aquel entonces eran de 2.4 mil millones de dólares y 28 000 empleados, mientras que Amazon facturaba aproximadamente 64 millones de dólares al año y tenía solo unos pocos cientos de trabajadores. Sin embargo, la evolución de Amazon era meteórica: apenas meses atrás había facturado 16 millones de dólares.

McChesney, intentando acorralar a Bezos, le preguntó cuántos libros tenía disponibles realmente Amazon y cuántos entregaban de los almacenes de las editoriales cuando recibían un pedido, porque muchos opinaban que hacían trampas en sus comunicados de marketing ya que no había manera de que tuvieran 2.5 millones de libros «a mano». Bezos respondió que nunca habían afirmado tal cosa y que habían sido siempre muy explícitos con la información que daban porque cada libro de su catálogo web tenía su propia página de detalles y entre ellos se incluía el estado de disponibilidad de cada título. Explicó además cuáles eran los seis estados de disponibilidad en función de la forma en la que obtenían el libro: 1) en 24 horas, 2) en dos o tres días, 3) en una o dos semanas, 4) en cuatro o seis semanas, 5) aún no publicado, se enviará cuando esté disponible y 6) agotado, se enviará en dos a seis meses, si se puede encontrar el libro. Y recalcó que una gran parte de los libros que vendían se gestionaban con lo que llamaban *inventario casi a tiempo,* lo que significaba que, si un cliente les encargaba un libro en un día en concreto, ese mismo libro lo ordenaban a una docena de mayoristas diferentes para que estuviera en su muelle de carga a las 4 a. m. y luego lo empaquetaban en el almacén de amazon.com, que estaba a unas pocas millas al sur de Seattle. Bezos confesó que en realidad tenían muy pocos libros en inventario y que solían cambiarlo unas cincuenta veces al año, mientras que en una librería física lo hacían unas dos o tres veces al año. Entonces McChesney le interrogó sobre la ventaja de que los libros pasaran igualmente por su almacén y sobre por qué no los enviaba directamente del mayorista o de la editorial a los que se hacía el pedido. Y, a apropósito de la afirmación de Barnes & Noble de que Amazon era solo un intermediario o un distribuidor y no una librería, le lanzó la siguiente pregunta: «¿Los arrastra por su almacén para evitar esa etiqueta?». Bezos se echó a reír y respondió que lo que realmente les importaba a los clientes era si podían conseguirles el libro y si podían hacerlo rápidamente, y no el proceso que había detrás.

El periodista le preguntó también por la agresiva bajada de precios que acababa de hacer Amazon en una determinada selección de libros y si el objetivo había sido atacar a Barnes & Noble. Bezos reconoció que para ellos cosas como la selección, la conveniencia, la confiabilidad, la información o las reseñas de los clientes eran muy importantes, pero que también lo era el precio, y no podían permitir que Barnes & Noble o cualquier otro competidor se comieran su participación de mercado al tener precios más bajos que ellos; que los clientes eran leales hasta que alguien más les brindaba un mejor servicio, y eso incluía el precio.

Otro punto clave de la entrevista fue cuando McChesney interrogó a Bezos sobre cómo se podía ser rentable vendiendo por Internet, sobre todo cuando Amazon tenía que asumir los costes de envío en muchos casos por parte de los consumidores. Bezos lo explicó con un ejemplo: calcularon el precio medio de un libro tipo de tapa dura, que era de 27 dólares, y aplicaron un sistema de descuentos a los libros: un 30 % a los de tapa dura, un 20 % a los de bolsillo y un 40 % a una selección de títulos de editores. En el caso del libro de tapa dura, el 30 % de ese precio medio era aproximadamente de 8 dólares y cobraban por el envío de un solo libro 3.95 dólares. Si el cliente compraba dos libros, por el segundo solo pagaría 95 centavos adicionales, es decir, un total de 4.90 dólares de gastos de envío, pero se ahorraría 16 dólares del precio de esos dos libros (13 dólares si contamos los gastos de envío). Y el resultado no podía ser mejor: los libros a los que se les había aplicado un descuento agresivo eran los cuatrocientos mil más vendidos, una cantidad 2.5-3 veces superior a la de libros que puede haber en una gran superficie.

Bezos lo tenía muy claro: la única razón por la que esto funcionaba era por la eficiencia del modelo en línea. De este modo, no había que pagar costosas propiedades inmuebles de venta al por menor, por lo que se podía permitir dar a los clientes mejores precios.

En otro momento de la entrevista el periodista le planteó a Bezos lo fascinante que era ir a una librería física y todas la sensaciones y experiencias positivas que ofrece a los lectores, y Bezos le confesó que a él le encantaba ir a librerías, que compraba la mitad de sus libros allí y que Elliott Bay[1], una librería independiente que llevaba abierta desde 1973 en Seattle, era su preferida y donde solía comprar. Y añadió que no creía que la venta de libros en línea fuera el fin de la venta de libros físicos, que la gran mayoría de las ventas de libros siempre se mantendrá en las librerías físicas.

Para finalizar, McChesney quiso saber si no temía que los grandes *retailers* del sector le copiaran y acabaran con Amazon. Bezos, contundente, le contestó que tenía una ventaja clave: les sacaban 23 meses de ventaja en la venta en línea, habían aprendido mucho y contaban con una cultura empresarial que encajaba muy bien con el comercio electrónico. Y en un espacio que estaba cambiando y avanzando a la velocidad de Internet, una ventaja de 23 meses era enorme.

En mayo de 1997 Amazon publica que ha vendido libros por valor de 16 millones de dólares en 1996 a 180 000 clientes en cien países. El promedio de visitas diarias al sitio web de la empresa aumentó así a cincuenta mil en diciembre de 1996 desde las 2200 de diciembre de 1995, lo que hizo que las acciones de amazon.com subieran de 18 a 30 dólares, para luego estabilizarse en 23.50, un incremento del 30.5 %. Los inversores valoraron la compañía en unos 560 millones de dólares.

El 14 de octubre de 1997 Amazon publicó una nota de prensa titulada «La librería más grande del mundo atiende a un millón de clientes únicos». El crecimiento era meteórico. Ese día Amazon lanzó una promoción para clientes en la que Bezos entregaría personalmente el pedido del cliente número un millón para celebrar haber alcanzado esta cifra, independientemente del destino del pedido. Bezos bromeaba: «Tenemos clientes en más de 160 países; no sé si me dirijo a Tanganica o a Beijing en los próximos días o si viajaré en *jet* o en moto de agua, Daimler o canoa».

Le tocó volar a Japón. El pedido fue entregado en mano en Tokio por Bezos y firmado por todos los empleados de Amazon. El paquete contenía el manual de Windows NT y *The Royals,* la biografía de Kitty Kelley sobre la familia real británica. En 2021 Amazon entregaría aproximadamente un millón de paquetes cada dos horas. En octubre de 2000 Japón se convirtió en el mercado de exportación más grande de amazon.com, con 193 000 clientes y ventas anualizadas de 34 millones de dólares. amazon.com pasó a ser el sitio de comercio electrónico número uno en Japón, así que la compañía lanzó amazon.co.jp.

En esos días de 1997 Bezos envió un correo electrónico a mil clientes de Amazon preguntándoles qué debería vender, ya que tenía en la cabeza empezar a vender más otras familias de productos, no solo libros. Las respuestas fueron tan diversas, que se dio cuenta de que en amazon.com se podría vender casi cualquier cosa.

El 18 de noviembre amazon.com inauguró su segundo centro de distribución, en New Castle, Delaware. Se trataba de un espacio de 200 000 pies cuadrados, aproximadamente la longitud de tres campos de fútbol, con lo que, junto con la expansión de su centro de distribución de Seattle, aumentó la capacidad de almacenamiento y envío de la compañía a casi seis veces. También con ello acercaba amazon.com a los clientes de la costa este: ahora había ya centros de distribución en ambas costas.

amazon.com reportó 81.7 millones de dólares en ventas en los primeros nueve meses de 1997, y es muy probable que las ventas de ese año superaran los 100 millones de dólares. Pero también había pérdidas, concretamente 18.2 millones de dólares para el mismo período de nueve meses. Bezos hablaba entonces de que la clave era construir una marca y de que las ganancias vendrían después. En esos momentos amazon.com ya tenía seiscientos empleados, divididos entre su sede de Seattle y su nuevo almacén en Delaware, el 56 % de sus clientes eran compradores habituales y el 26 % de sus ventas provenían de compradores extranjeros. Con esta situación, Bezos comentó que estaban planeando abrir centros de distribución fuera de EE. UU., aunque no reveló dónde.

A finales de ese año, Bezos dirigió una nueva carta a los accionistas, y esta vez anexó la enviada en 1997.

Ver la carta enviada a los accionistas de Amazon (1997-1998).

Esta carta posiblemente sea la más trascendental y visionaria de la historia del *retail*. En ella Bezos habla de hitos que amazon.com superó en 1997: al final del año había atendido a más de 1.5 millones de clientes, lo que arrojó un crecimiento en los ingresos del 838 %, hasta llegar a los 147.8 millones de dólares. En esta breve carta menciona constantemente la palabra *cliente* y deja claro que es su prioridad. Y es también esta famosa carta donde explica su filosofía del Día 1, que es como se llama el edificio que alberga las oficinas centrales de Amazon y el eje sobre el que se organiza la empresa. Este concepto significa que hay que estar siempre en modo *startup*, es decir, pensar como si la compañía se hubiera fundado ayer. Bezos dice en la carta que estaban en el Día 1 para Internet. Habla de la necesidad de expandirse sin freno, pero también de que esa estrategia no está exenta de riesgos, que requiere una inversión seria, basada en el largo plazo, y que cuanto más fuerte sea su liderazgo en el mercado, más poderoso será su modelo económico. Para Bezos el liderazgo del mercado se traducía directamente en mayores ingresos, mayor rentabilidad, mayor velocidad de capital y, en consecuencia, mayores rendimientos sobre el capital invertido. Bezos estaba obsesionado con varias métricas: el crecimiento del número de clientes y los ingresos, el grado en el que sus clientes continuaban comprando de forma repetida y la fortaleza de la marca Amazon. Por ello continuaría invirtiendo agresivamente para expandir y aprovechar su base de clientes, marca e infraestructura.

Desde los inicios, Amazon siempre fue una compañía distinta, enfocada en el largo plazo, por lo que se desechaban las decisiones estratégicas de rentabilidad a corto plazo o las reacciones de Wall Street a corto plazo. Bezos pedía en su carta a los accionistas que tomaran decisiones de inversión audaces en lugar de tímidas cuando vieran una probabilidad suficiente de obtener ventajas de liderazgo en el mercado. Era consciente de que algunas de esas inversiones darían frutos y otras no, pero habrían aprendido otra valiosa lección, en cualquier caso. También explicaba que su filosofía y estrategia se basaba en un dogma: obsesionarse con los clientes, porque el boca a boca seguía siendo la herramienta de adquisición de clientes más poderosa que tenían. El porcentaje de pedidos de clientes habituales se incrementó de más del 46 % en el cuarto trimestre de 1996 a más del 58 % en el mismo período de 1997. La base de empleados de amazon.com creció de 158 a 614; la capacidad del centro de distribución aumentó de 28 000 a 50 000 pies cuadrados (2600 a 4645 m^2), incluida una expansión del 70 % de sus instalaciones en Seattle y el lanzamiento de su segundo centro de distribución en Delaware en noviembre, y los inventarios aumentaron a más de doscientos mil títulos al final del año, etc.

En esa mítica carta, Bezos cuenta a los accionistas qué les decía a todas las personas que entrevistaba para entrar en Amazon: «Puedes trabajar muchas horas, duro o inteligente, pero en amazon.com no puedes elegir dos de tres».

En julio de 1998 la capitalización de la compañía era de alrededor de 6400 millones de dólares, cifra que representaba el valor combinado de los dos minoristas de libros más grandes del país, Barnes & Noble y Borders Books & Music, cuya suma de ventas era aproximadamente diez veces superior a la de amazon.com. La base de clientes de la organización había crecido a 3.1 millones. Y el 63 % de sus pedidos eran de clientes que repetían compra. Bezos anunció que seguirían gastando dinero para mejorar la experiencia de compra de sus clientes. Abrirían su tienda de música, harían un diseño de tienda con una experiencia de navegación más sencilla y se expandirían a dos mercados: Reino Unido y Alemania. En ese momento Amazon acumulaba pérdidas por valor de 64 millones de dólares desde su creación.

En agosto de 1998 había al menos 475 librerías en línea que operaban en la web. Las ventas de libros y música en línea ascendieron a 156 millones de dólares en 1997. Bezos quería todo o casi todo el pastel.

En noviembre de ese mismo año, en una entrevista que Bezos concede a *The Washington Post*, dice algo visionario: «La personalización es como trasladarse a la época en la que los comerciantes de pueblos pequeños te conocían». Bezos cree que la tienda de Internet del futuro debería poder adivinar lo que quiere comprar un consumidor antes de que él mismo lo sepa. Dice que van a poder hacer un amazon.com a medida de cada consumidor. Ya tienen 4.5 millones de clientes y quiere contar con 4.5 millones de amazon.com. Bezos tiene entonces 34 años y cada vez es más famoso. Piensa que el éxito de los minoristas en línea dependerá de su capacidad para analizar los gustos de cada cliente y crear experiencias únicas desde que entran por la puerta virtual. Sostiene que Internet puede devolver el toque personal al comercio, solo que esta vez a gran escala. Cree que, si las herramientas digitales de personalización masiva se implementan sabiamente, pueden mejorar la vida de las personas ayudándolas a encontrar cosas que de otro modo nunca tendrían.

Por esos días Amazon estaba pasando un mal momento, pues la empresa que le había suministrado el 58 % de sus libros en 1997, Ingram Book Group, acababa de ser comprada por su competidor Barnes & Noble Inc., por lo que Bezos necesitaba buscar urgentemente nuevos proveedores. La compañía tenía el 85 % de las ventas de libros en línea, pero Internet representaba solo el 3 % del mercado general de libros. Bezos creía que no iba a crecer más del 15 % durante la siguiente década. De hecho, pensaba que los minoristas en línea no dejarían fuera del negocio a ningún *retailer* tradicional en el corto plazo y que las predicciones de que Internet cerraría tiendas eran absurdas.

Jonathan Cohen, primer vicepresidente y estratega jefe de Internet de Merrill Lynch & Co., era un escéptico de Amazon. Decía que su valoración en el mercado de valores ese noviembre de 1998 excedía con creces su potencial de ganancias y sería difícil de mantener con el repertorio minorista actual de Amazon. En el artículo de *The Washington Post* se recogen unas declaraciones de él donde decía que en cuanto los grandes *retailers* tradicionales ingresaran en internet, Amazon perdería mucha cuota de mercado.

Amazon seguía con su plan de expansión: ese año compró el mayor depósito electrónico de información sobre películas y vídeos, Internet Movie Database, y también un calendario en línea, una libreta de direcciones y un servicio de recordatorios con más de un millón de clientes, todos compradores potenciales de sus productos, y a Junglee Corp., que creó el *software* basado en la web que impulsa las guías de compras para Yahoo Inc., NBC de Snap y HotBot de Lycos Inc. Asimismo, amazon.com también compró Planet All, que operaba un vasto servicio de direcciones de Internet que permitía a las personas mantenerse en contacto con sus amigos y asociados. amazon.com esperaba vender libros y su creciente variedad de productos a los 1.5 millones de miembros de Planet All.

En esos momentos Bezos ya poseía una fortuna de 1.6 mil millones de dólares al dispararse el valor en bolsa de amazon.com. Pasó de tirarse a la piscina al crear una empresa en un Internet neonato a conseguir en mil días 1.6 mil millones de dólares.

Bezos se negaba a describir cómo las recomendaciones de Amazon habían cambiado los hábitos de compra de sus clientes, pero los estudios realizados ese año en muchos sitios web sugerían que las herramientas de personalización aumentarían drásticamente la frecuencia de las visitas de retorno al sitio. La página de inicio de Amazon ya saludaba a los clientes por su nombre, pero la intención de Bezos era que se volviera cada vez más personal. Por ejemplo, si el cliente compraba muchos *bestsellers,* le aparecería una lista de ellos en la parte superior de su página de inicio o, si nunca compraba libros de tapa dura, en su lista de recomendaciones personales solo se incluirían libros de bolsillo. Su objetivo era vender más productos ayudando a las personas a encontrar cosas que enriquecieran sus vidas. Bezos comenta en la entrevista que todos tenemos dos o tres libros que hemos leído que nos han marcado y que posiblemente amazon.com tuviera quinientos libros de esos que causaban ese mismo efecto a cada uno de sus 4.5 millones de clientes, pero que a los clientes les resultaba complicado encontrarlos porque estaban perdidos entre millones de títulos. Jeff quería reducir esa posibilidad, para lo que se basaba en el dato que indicaba que había una posibilidad entre mil de entrar en una librería física y encontrar uno de esos libros que te cambian la vida. Aspiraba a tener una posibilidad sobre quinientas a corto plazo, una entre doscientas en cinco años y a una entre cien en diez años. Y lo haría mediante la personalización.

Bezos comparaba los esfuerzos de Amazon por recopilar y compartir información personal con los de los médicos que intercambian historias de casos, todo por lo que él llama *un bien común.* Argumenta que los productos correctos pueden mejorar la vida de los consumidores y los incorrectos, empeorarla. Antes de la era del *merchandising* masivo, la mayoría de las cosas eran personalizadas. Bezos recordaba cómo la Revolución Industrial había creado un sistema de producción y distribución que hacía que fuera demasiado costoso continuar personalizando los productos, y afirmaba que Internet traería las economías de la comercialización masiva y la individualidad de la comercialización de hacía cien años.

Bezos ya era una persona muy famosa. El lunes 5 de abril de 1999 apareció en una entrevista del periódico español *El Mundo.* El titular de la entrevista era: «Cada uno de nuestros clientes tendrá una tienda a su medida». El artículo empezaba describiendo un día cualquiera en el almacén central de Seattle, con empleados en bermudas seleccionando y empaquetando los pedidos del día de los clientes de amazon.com. Habían transcurrido solo ocho meses desde que amazon.com añadiese música y vídeos a sus catálogos, y los paquetes de CD y de vídeos que se servían eran casi tantos como los de los libros. Bezos estaba a punto de cumplir 35 años y era un hombre perseguido por los medios de comunicación, el hombre ejemplo del milagro de Internet. La empresa, que dirigía personalmente desde su pequeña oficina de Seattle, ya tenía un valor de 22.3 mil millones de dólares, y él era uno de los directivos del momento, un ganador.

amazon.com alcanzaba ya los 2100 empleados y 6.2 millones de clientes en todo el mundo. Había llegado a Europa, a Gran Bretaña y a Alemania. Los pedidos de los clientes ingleses o alemanes se tramitaban desde los propios países, pero eran canalizados a través de los ordenadores de Seattle. La página amazon.com se había hecho famosa por sus precios ultrabajos, aunque Bezos seguía insistiendo en que esto no era lo más determinante para el éxito, sino la selección y la comodidad.

En la entrevista le preguntan por la posibilidad de que abra otros mercados en Europa, como Francia, y Bezos comenta que era posible porque Francia, al igual que Alemania, tenía un servicio de correo muy eficaz que permitiría entregar los pedidos a los clientes al día siguiente de haberlos hecho.

Una cuestión interesante que desvela Bezos en esta entrevista es que nunca pedían a sus clientes que rellenaran cuestionarios porque no tenían que responder a las preguntas consabidas sobre su identidad, edad, sexo o ingresos. Argumenta que los estudios demuestran que la gente no dice casi nunca la verdad. Por eso en amazon.com no les preguntaban nada; simplemente analizaban lo que compraban. Bezos confiesa en esta entrevista de *El Mundo* que desde que vendían música y vídeos a través de la Red se estaban dando cuenta de hasta qué punto este sistema funcionaba a la perfección. Partiendo de los libros que alguien ha comprado, podían, gracias a la tecnología del «filtro asociativo», determinar el tipo de música que le gustaría al cliente. Y lo mismo pasaba con los vídeos. El periodista le pregunta entonces si su modelo de negocio, basado en la inteligencia de los ordenadores y en una mano de obra reducida, llegaría a generar empleos en gran cantidad, y Bezos argumenta con datos: en ese momento tenían más de 2100 empleados, frente a los 120 de hacía dos años. También comenta que una de las ventajas de su modelo económico era que para obtener la misma cifra de negocio que las tiendas tradicionales recurrían a menos mano de obra. La centralización de la distribución y la ausencia de costes inmobiliarios eran también fuente de grandes ventajas económicas. El periodista le cuestiona entonces si era previsible que se destruyeran puestos de trabajo a medida que se iba reemplazando el comercio tradicional por el virtual o electrónico, y Bezos contesta que mucha gente exagera la influencia del comercio electrónico sobre el físico, que este no reemplazará al tradicional pero que sí le obligaría a cambiar.

 Ver la entrevista a Jeff Bezos
para *El Mundo* en 1999: «Cada uno
de nuestros clientes tendrá una tienda
a su medida».

Bezos estaba obsesionado con los clientes desde el primer día por una razón: sabía que el camino más rápido para hacerse ultramillonario es contar con un cliente satisfecho. Era consciente de que debía renunciar a los beneficios e invertir durante años en crear la satisfacción de los clientes; una mejor experiencia del cliente le generaría más clientes. Más tarde se dio cuenta de que más clientes también atraerían a más vendedores a su *marketplace*. Después entendió que más vendedores atraerían a más clientes, ya que tenían una oferta de productos más amplia y, al tener más productos, mejoraba la experiencia de los clientes. Y así hasta cerrar el círculo. Todo realimentaba todo. A su vez sabía que su crecimiento posibilitaría reducir costes y que sus clientes tuvieran mejores precios. Era como un volante que giraba; era la estrategia *flywheel*.

Años después, a finales de mayo de 2016, en la Code Conference de Vox Media, Bezos dijo que los miembros *prime* compraban más en Amazon que los que no eran *prime* porque al pagar una tarifa anual querían sacar más provecho al programa, consultaban otras categorías de productos y terminaban comprando más.

4

BEZOS TOCA
LA GLORIA

Bezos apareció en diciembre de 1999 en la portada de la revista *TIME* como la «Persona del año» por la aportación de Amazon al nacimiento de la «nueva economía» que marcaría el rumbo del siglo próximo. Entonces tenía 35 años y habían pasado 17 desde su discurso de graduación donde confesó que aspiraba a salvar a la humanidad. Faltaban tres días para iniciarse el nuevo milenio.

Hasta ese momento habían aparecido 72 portadas «Hombre del año» (ese año 1999 se cambió el título por «Persona del año» para evitar cualquier rasgo de sexismo). Eran las portadas de revista más famosas del mundo y venían en un suplemento anual. Cada año *TIME* se la dedicaba al personaje o evento que creía más significativo. Hasta entonces habían aparecido personajes como Churchill, Hitler, Stalin, Gorbachov, la reina Isabel II, Martin Luther King, Gandhi, Charles de Gaulle, John F. Kennedy, Nixon, el papa Juan Pablo II, el ayatolá Jomeini, Ronald Reagan o Bill Clinton. Ese año, en el momento en el que *TIME* tiene que desvelar qué persona sería portada, aparece un tipo sonriendo que sucede que se llama Bezos. Entre los candidatos estaban Tony Blair, Hillary Clinton, Alan Greenspan y Lance Armstrong.

Bezos aparece en la fotografía de la famosa revista sonriendo con la cabeza enmarcada en lo que parece una estantería. Hoy Amazon vende ejemplares de ese número a 74 dólares. Amazon vende de todo, no lo olvides.

La imagen de Bezos por aquel entonces no tenía nada que ver con la del vaquero galáctico que nos da las gracias a todos sus cientos de millones de clientes por pagarle su experiencia estelar de 10 min.

Pero regresemos a ese diciembre de 1999 cuando, para sorpresa de todos, *TIME* decide que una persona de 35 años, Jeffrey Preston Bezos, ocupe su lugar en el olimpo de los dioses. En la entrevista del día 27 titulada «Jeffrey Preston Bezos: Persona del año 1999» se habla de Bezos como *el rey de Internet,* del auge espectacular de las punto.com, de los nuevos millonarios que nacen de negocios cada vez más rentables en Internet e incluso de que algunos ya están diciendo que existe una sobrevaloración de estas empresas.

Según el artículo, ese año se estimaba que se comprarían en línea bienes de consumo por valor de 15 000 millones de dólares, más otros 109 000 millones adicionales de negocios *business to business* en línea, es decir, compañías comprando a través de Internet bienes o servicios a otras. Y se hablaba de que cada vez más los consumidores empezaban a comprar artículos y servicios por Internet, desde juguetes, libros y cosmética hasta billetes de avión.

También explica cómo Bezos dejó su prometedor trabajo en Wall Street y, junto a su esposa, viajó a través de EE. UU. en un coche antiguo para establecer la sede de su empresa en Seattle. Y cómo los primeros inversores que apostaron por él y su proyecto pensaron que estaba loco al dejar todo por una intuición de negocio. Se muestra a Bezos como un visionario que sintió las vibraciones mucho antes que el resto de las personas, y tan fuertes que exigían acción, que podía parecer precipitada o incluso estúpida a los ojos de los demás. Pone como ejemplos de «otros Bezos» en la historia al propietario del ferry Cornelius Vanderbilt, quien saltó del barco cuando vio venir los ferrocarriles, o cómo Thomas Watson Jr., abrumado por su sensación de que los ordenadores estarían en todas partes incluso cuando no estaban en ninguna, apostó por la compañía de máquinas de oficina de su padre: IBM.

En el artículo narra además cómo Bezos tuvo la misma experiencia que estos visionarios cuando se asomó por primera vez al laberinto de ordenadores conectados llamado *World Wide Web* y se dio cuenta de que el futuro del comercio minorista pasaba por ahí. No fue el único en sentir aquello: Pierre Omidyar, de eBay, también sabía que estaba en algo importante. Pero la visión de Bezos del universo minorista en línea era mucho más amplia que la de eBay, y la de cómo debía ser la experiencia de compra de los consumidores resultaba soberbia: no se trataba solo de tener un sitio digital, una especie de Macy´s del siglo XXI, sino que la experiencia de compra de los consumidores debía parecerse a las de cuando compras en una tienda amiga o conocida. Bezos creyó desde el primer día en su visión. Y solía decir en broma: «Si tuviera una moneda de cinco centavos por cada vez que un inversionista potencial me dijera que esto no funcionaría...».

El entrevistador resalta la risa «salvaje y risueña» de Bezos, que le persigue desde la adolescencia y que continuará hasta el presente. De hecho, tanto en su infancia como en su juventud fue fuente de burlas en varias ocasiones. Y en sus primeros años de directivo y empresario a menudo le restaba credibilidad y seriedad.

Bezos es presentado en *TIME* como un emprendedor de la nueva era que a sus 35 años era el cuarto individuo más joven de la historia de la lista, precedido por Charles Lindbergh, de 25 años, en 1927; la reina Isabel II, quien entró en la lista en 1952 a los 26 años, y Martin Luther King Jr., quien tenía 34 cuando fue seleccionado en 1963. Se trataba de un tipo que había elegido el nombre perfecto para su empresa: un río salvaje, con ramas ilimitadas, como es el Amazonas, lo que suponía una metáfora ideal para una empresa que ahora vendía casi de todo, desde herramientas eléctricas hasta los CD, y que buscaba con impaciencia nuevas áreas de expansión. Hacía una metáfora del enorme peaje que para entonces debían pagar las empresas tradicionales para conseguir nuevos clientes, que pasaba por construir nuevas tiendas a un coste de millones (cita a Kmart, que en ese momento era el gran *retailer* mundial, junto a Walmart, y que precisamente en 1999 había estrenado BlueLight.com, su canal minorista en línea). Y añade en la entrevista: «Para Bezos, atender a nuevos clientes cuesta casi nada». Pero esto no era cierto: Amazon acababa de reportar una pérdida neta proforma en el tercer trimestre de 85.8 millones de dólares, un poco menos que las previsiones de

Wall Street, pero había triplicado su pérdida respecto al año anterior. Además, había informado de que esperaba que los márgenes brutos del cuarto trimestre de 1999 disminuyeran según aumentaran sus gastos de comercialización y cumplimiento logístico de envíos y recogidas de devoluciones. A medida que Amazon se había expandido mucho más allá de su oferta principal de libros y música, había ampliado sus pérdidas. Pero a pesar de que muchos analistas empezaban a dudar de la viabilidad de la estrategia expansiva de Amazon, Bezos anunció que la compañía triplicaría sus gastos de marketing en ese último trimestre de 1999.

Bezos pedía paciencia a los analistas, y sobre todo a accionistas. Afirmaba que la línea de negocio más antigua, la de los libros, empezaría a ser rentable precisamente ese último trimestre de 1999 y el resto con el paso del tiempo, posiblemente en unos pocos años. Era solo cuestión de tener paciencia. Siempre argumentaba la increíble fidelidad de los clientes de Amazon (los clientes habituales representaron el 72 % de los pedidos de Amazon durante el tercer trimestre de 1999). La lealtad del cliente era el corazón de la estrategia del negocio de Amazon. Las navidades de 1999 serían las más importantes de la historia de Amazon: tenía apenas cuatro años de vida y llevaba perdidos muchos millones de dólares, pero aun así era una gran promesa para los mercados; no obstante, no podía seguir perdiendo durante mucho tiempo. Ese año la empresa de investigación de mercados Forrester Research esperaba que los consumidores estadounidenses gastaran 4000 millones de dólares en línea durante las vacaciones, casi tres veces más que el año anterior. Amazon había perdido en los primeros nueve meses del año nada menos que 204.9 millones de dólares (63 centavos por acción) sobre 963.8 millones de dólares en ingresos, en comparación con pérdidas de 51.6 millones de dólares (18 centavos por acción) sobre 357 millones de dólares en ingresos en el mismo período del año anterior.

A pesar de que *TIME* le eligiera persona del año, Bezos sabía que estaba contra las cuerdas y que necesitaba tener unas navidades de ventas increíbles. Y en vez de ser conservador, tiró la casa por la ventana: ordenó comprar 732 000 m² de papel de regalo navideño y 2494 millas de cinta de raso roja. Acababa de construir cuatro nuevos almacenes automáticos que le daban la capacidad de empacar, envolver y enviar casi un millón de cajas al día. «Esta es la expansión más rápida de la capacidad de distribución en la historia de tiempos de paz», se regocijó Bezos en una entrevista para *The New York Times* de noviembre de ese año. Esperaba enviar más de quince millones de paquetes en esas navidades a millones de estadounidenses. Pero esas navidades tendría mucha más competencia de la que había tenido hasta entonces: muchos *retailers* tradicionales, viendo el despegue de las ventas en línea, habían decidido abrir sus sitios web.

El año 1999 fue clave para la historia del *retail,* ya que muchos minoristas tradicionales empezaron a superar su miedo a canibalizar las ventas en las tiendas al abrir sus negocios en línea. Pero había otros actores *pure player,* como buy.com, que se había convertido en la tienda en línea número 2, con ventas por 397 millones de dólares en los primeros nueve meses vendiendo ordenadores, libros electrónicos, etc., a precios generalmente mucho más bajos que los de Amazon. Y en todas las categorías, Amazon se enfrentaba a competidores especializados: barnesandnoble.com (la línea de productos original de Amazon) en libros; eToys, Toys «R» Us y KB Toys en juguetes; 800.com y Circuit City en electrónica, y Sears en herramientas.

Bezos se la jugó las navidades de 1999. Muchos hubieran sido más cautos en sus estrategias, pero él no cedió: su estrategia era ser la tienda que vende casi cualquier cosa a cualquier persona, y para eso debía crecer, y crecer implicaba invertir mucho dinero. Bezos no lo veía como pérdidas, sino como una inversión que sin duda traería sus frutos. Amazon ya empezaba a vender de todo: libros, vídeos, juguetes, materiales de construcción, etc., e incluso realizaba subastas de todo tipo de artículos. Muchos analistas temían que Amazon corriera el riesgo de extenderse tanto que fuera superada por empresas especializadas en cada una de las líneas de productos que vendía. Pero Bezos pensaba que era lo mismo vender un bote de cosmética que un martillo, pues las tácticas y lo que espera el consumidor al final siempre eran iguales: un producto disponible y de calidad aceptable, un precio justo, una atención al cliente excelente y una entrega rápida.

Y mientras los demás eran cautelosos, Bezos acumulaba papel de regalo y construía almacenes propios en vez de hacer como los demás, subcontratar esa parte. O triplicaba el gasto en marketing, asegurándose de que la competencia quedara muy atrás. Es más, esas navidades Amazon duplicó su plantilla hasta 5000 personas y cuadriplicó la potencia del ordenador que ejecuta su sitio web. Bezos acababa de recaudar en Wall Street 1500 millones de dólares, y algunos pensaban que los estaba dilapidando aquellas navidades. Las estimaciones eran que Amazon cerrara un año desastroso desde el punto de vista de ganancias: se esperaba que perdiera 550 millones de dólares en ventas de esos 1500 millones de dólares. Bezos declaró en noviembre a *The New York Times:* «Si la elección es entre pedir suficiente cinta para asegurarse de que no se acabe o ser conservador para evitar un costoso exceso de existencias, siempre elegiré la cinta extra. Se podría decir que decepcionaremos a una pequeña fracción de la gente, pero ganaremos mucho más dinero. Pero si decepcionamos a la gente, perdemos la reputación de la marca, y eso vale mucho más para nosotros en este momento que el dinero».

En ese diciembre se desprende de la entrevista de *TIMES* que Bezos ya tiene claro que quiere expandirse mucho más y piensa que, si salen bien las navidades de 1999, 2000 será su año. Abrirá muchas más categorías de productos y empezará a ganar dinero con los libros. Espera que Wall Street siga financiando a Amazon mientras continúe deslumbrándole con su crecimiento. Bezos había decidido a principios de 1998 que Amazon no sería una librería solo, sino una tienda de todo. Esas navidades, cuando incorporaron muchos productos, una avalancha de pedidos les sorprendió, y se ordenó a los ejecutivos y trabajadores de oficina que trabajaran en el segundo turno todos los días durante tres semanas empacando cajas o respondiendo a los mensajes de correo electrónico de los clientes.

Desde entonces, Amazon no había dejado de crecer desbordantemente. En ese último trimestre de 1999 había decidió empezar a construir almacenes por varios estados con un coste total de 300 millones de dólares. Con más de tres millones de pies cuadrados de espacio, incluidos dos almacenes más antiguos de baja tecnología en Seattle y Delaware, Amazon tendría pronto la capacidad para manejar más de 10 000 millones en ventas. Y eso era lo que Bezos les mostraba a los inversores.

Bezos le dijo a su equipo que lo que tenían que hacer era invertir todo en la satisfacción de los clientes. En un artículo de *The New York Times* de 1999 se relata cómo convocaba reuniones semanales para hacer planes de contingencia en caso de darse cualquier ruptura en la elaborada cadena de Amazon. Si el almacén de Delaware se quedaba sin un libro determinado, por ejemplo, Amazon lo enviaría por avión expreso desde Nevada, independientemente de los costes que supusiera; la clave era no perder a ese cliente. Si había que enviar un libro a la costa oeste desde la costa este si no lo había disponible en aquella, lo harían.

Por entonces Amazon tenía más de un millón de tipos de artículos en sus almacenes, cada uno con un código de barras que se escaneaba 17 veces desde el momento en el que llegaba al muelle de carga de los almacenes hasta que se enviaba, de modo que un *software* informático especial de Amazon siempre podría realizar un seguimiento de dónde se encontraba. Eso significaba mucho más escaneo del que hacían otras empresas y, por tanto, mayor coste, pero Amazon lo veía absolutamente necesario para asegurarse de que los pedidos no se perdieran.

Regresando al famoso artículo de *TIME,* se cuestiona si la Red es diferente: ¿ya no importan las ganancias y las pérdidas? ¿Son un signo de la nueva economía del comercio por Internet? Estas nuevas reglas surgen de la idea de que en el nuevo mercado global gana quien tenga más información.

Cuando comprábamos un libro, los ordenadores de Amazon en esos años podían decirnos qué adquirieron otras personas que compraron ese libro y qué pensaron de esas compras. O los usuarios del sitio podían buscar los libros más populares en su empresa o en su ciudad natal. El artículo pone de ejemplo que Amazon podría revelar, de manera bastante preocupante, que las tres compras más frecuentes de Amazon en Los Álamos, Nuevo México, eran la biografía de un maestro de espías de Alemania Oriental, un libro sobre el mercado negro de materiales nucleares y una historia del espionaje soviético. Y argumenta que había en todo eso una especie de humanidad que era exactamente lo contrario de lo que se suponía que eran las compras en línea. Amazon permitía a los lectores publicar sus opiniones sobre libros, calificar productos e intercambiar anécdotas. Y el articulo termina: «Nadie predijo que las compras electrónicas pudieran sentirse tan vivas. Si es una señal de un mundo electrónico por venir, un lugar en el que la tecnología nos permite a todos comprar, comunicarnos y vivir más cerca, entonces Jeff Bezos ha hecho más que construir un centro comercial en línea. Ha ayudado a sentar las bases de nuestro futuro».

Ver artículo de la revista *TIME*: «Jeffrey Preston Bezos: Persona del año 1999».

Cinco años antes de esa portada, Bezos era un tipo anónimo que soñaba desde el garaje de una casa que su proyecto podría llegar lejos. Apenas cincuenta meses después de que Amazon vendiera su primer libro, Bezos protagonizaba la portada más famosa de un planeta que se llama Tierra. Todos los anteriores personajes que coparon esa portada de *TIME* tenían detrás una larga historia; solo soportaban la candidatura de Bezos para ese honor casi galáctico algo más de cincuenta meses.

Pero ¿por qué le daban la portada a ese tipo de aspecto común que apenas tenía 35 años? No realmente por lo que era (había acumulado en esos cinco años una fortuna de 7800 millones de dólares a pesar de que Amazon no había ganado un solo dólar), sino por lo que intuían que iba a significar ese personaje para el siglo XXI.

5
2001, EL AÑO QUE PUDO TERMINAR TODO

En la segunda mitad de la década de 1990 se produjo, sobre todo en EE. UU., un alza increíble en los valores de las acciones de las empresas tecnológicas. En 2000 suponían el 33 % del S &P 500, pero en 2003 ya solo ocupaban el 14 %. En 2000 llegó la máxima cotización de las compañías tecnológicas, pero a principios de 2001 todo estalló. El PIB estadounidense se paralizó, se redujo la inversión, aumentaron las quiebras y se produjeron tres millones de despidos.

Se habían sobrevalorado las empresas tecnológicas, entre ellas Amazon. Los inversores estaban obsesionados con «la nueva economía digital», pero todas estas compañías, tan premiadas por el mercado, en su gran mayoría no generaban beneficios.

En enero de 2001, un año después de la mítica portada de *TIME,* algo se derrumbó: Amazon anunció el despido de gran parte de su plantilla y los periódicos se hicieron eco. Algo más de doce meses tras aparecer en la portada más importante del mundo, la empresa de Bezos parecía pasar por momentos muy complicados. Amazon informó de que cerraría algunas instalaciones y reduciría el 15 % de su fuerza laboral para que el negocio fuera rentable antes de fin de año. Era la primera vez que la compañía marcaba públicamente una fecha objetivo para obtener rentabilidad.

En enero de 2001 Amazon también disminuyó drásticamente su perspectiva de ventas para ese año citando la desaceleración de la economía: en lugar de proyectar 4000 millones de dólares en ingresos, aclaró que finalmente estarían entre 3.3 y 3.6 mil millones de dólares.

Amazon afirmó que se eliminarían 1300 puestos de trabajo, principalmente mediante el cierre de un centro de distribución de Georgia de cuatrocientos cincuenta empleados y un centro de servicio al cliente de Seattle con cuatrocientos empleados.

Pero también había datos positivos: Amazon añadió cuatro millones de clientes durante el último trimestre de 2000. Ya tenía 29 millones.

Al final del año la empresa contaba con 1.1 mil millones de dólares en efectivo y valores disponibles.

Unos días después de ese anuncio, el 5 de febrero de 2001, Amazon tenía los días contados, según el informe que presentó Ravi Suria, prestigioso analista de Wall Street que trabajaba en Lehman Brothers. Dijo que Amazon iba a morir. Pronto. Llevaba perdidos más de 2500 millones de dólares. El informe fue inusual por la profundidad de su análisis y contrastó fuertemente con los informes optimistas sobre la empresa de Bezos de la gran mayoría de las firmas de Wall Street.

Suria, de 29 años, que alardeaba en las entrevistas de llevarse mal con Bezos, se hizo famoso en Wall Street por ser quien «derribó amazon.com» con su informe, donde detallaba la deteriorada posición crediticia del minorista electrónico, lo que hizo que las acciones cayeran un 20 % en un solo día. Bezos menospreció públicamente el trabajo de Suria y calificó su análisis de «pura tontería», pero Suria se mantuvo firme: en informes posteriores desglosó el balance de la empresa, que reflejaba su pesimismo sobre el futuro de Amazon. Algunas de sus investigaciones fueron tan controvertidas, que Lehman se negó a publicarlas. Unas semanas después, Suria escribió otro informe sobre Amazon en el que predijo que los acreedores de la compañía temerían su capacidad para pagar sus facturas y dejarían de financiar la empresa a finales de ese año. Según un informe de *The New York Observer,* John Doerr, un director de Amazon, llamó al presidente de Lehman en un intento de suprimir la publicación del informe. Cuando salió a la luz unos días después, Amazon desestimó sus conclusiones. Parece que más tarde hubo otros informes de Suria tan demoledores que ni siquiera salieron a la luz.

 Consulta el informe de Ravi Suria para Lehman Brothers: «Revisando la liquidez de Amazon».

Ese mismo mes *The New York Times* dedicó uno de sus principales artículos del día al informe de Suria.

El 25 de febrero de 2001 *The Telegraph* tituló un artículo: «Is Amazon up the creek?» («¿Está Amazon en la cuerda floja?»). Y subtituló: «A Wall Street analyst is predicting the imminent demise of the former dotcom» («Un analista de Wall Street predice la inminente desaparición de la puntocom»).

El 3 de abril de 2001 *Bloomberg* publicó un artículo demoledor itulado: «Why Amazon´s board is part of the problem?» («¿Por qué la junta de Amazon es parte del problema?») en el que dejaba caer la posibilidad de eliminar a la junta directiva, incluido Bezos, para que Amazon pudiera recuperarse. El texto comenzaba: «¿Qué, te preocupas, Jeff Bezos? ¿[Has visto] cómo las acciones se han hundido de 75 a 10 dólares durante el año?».

 Ver el artículo de *Bloomberg*: «¿Por qué la junta de Amazon es parte del problema?».

El 1 de marzo de 2001 el *Chicago Tribune* publicó el artículo: «Rumores de bancarrota falsos, dice amazon.com», donde se relataba cómo Amazon negaba enérgicamente los rumores de que la compañía planeara declararse en quiebra, pero sus acciones cayeron más del 13 % en apenas una semana.

El 6 de marzo *The Sunday Times* dejó caer la posibilidad de que Walmart, viendo la debilidad de Amazon, llegara a un acuerdo con la empresa de Bezos. *The Guardian* se hizo eco de la noticia: «Amazon se dispara en bolsa tras las conversaciones con Walmart». El artículo decía que las acciones de Amazon habían subido el 5 de marzo de 2001 después de los rumores de que la empresa en dificultades estaba en conversaciones con Walmart para firmar un acuerdo estratégico de comercio electrónico.

Ese fin de semana *The Sunday Times,* periódico británico, citando a ejecutivos cercanos a las conversaciones, informó de que el fundador de Amazon se había reunido con el director ejecutivo de Walmart, Lee Scott, para llegar a un acuerdo en el que Amazon manejaría la estrategia en línea de Walmart y desarrollaría su presencia en las más de cuatro mil quinientas tiendas del minorista.

Unos cuantos analistas de Wall Street admitieron que pensaban que el acuerdo entre ambas compañías encajaría perfectamente dados los intentos fallidos de Walmart de construir una fuerte presencia en la web y los rumores de que Amazon, como muchos minoristas electrónicos, estaba al borde de la bancarrota.

Otros analistas se centraron aquel año en elogiar la decisión de Amazon de asociarse con Toys' «R» Us para desarrollar sus negocios de comercio electrónico pues por su web pasaba uno de cada cinco internautas estadounidenses. La noticia de que Amazon se hiciera cargo de los negocios digitales del gigante Walmart hizo que el 5 de marzo sus acciones subieran un 26 % cuando en ese momento las puntocom morían a docenas cada día.

El 28 de junio de 2001 el periodista Charlie Rose hizo a Bezos una de las entrevistas más visionarias en pleno caos de las puntocom y con amazon.com en graves problemas.

Ver vídeo de la entrevista a Bezos realizada por el periodista Charlie Rose, en junio de 2001.

En esta entrevista Rose empezó preguntándole acerca de que se hablaba mucho del futuro del comercio electrónico y de quiénes serían los ganadores y los perdedores. Le recordó que estaba pasando por un muy mal momento y le interrogó sobre si los minoristas de comercio electrónico debían aumentar sus precios para generar ganancia y si, en concreto, Amazon estaba cambiando su modelo de negocio. Bezos le respondió que no iban a cambiar y que en Internet había dos tipos de empresas. Por un lado, las que usaban técnicas de adquisición de clientes insostenibles (en algunos casos con precios por debajo del coste), lo que hacía que obtuvieran los clientes equivocados porque, según sus palabras: «Cuando subes los precios, esos clientes desaparecen. Crees que tienes un negocio y realmente no es así». Y, por otro lado, las empresas como Amazon, que acababa de comenzar a reducir los precios en los productos de electrónica (revisaron los mil artículos electrónicos más vendidos y los rebajaron).

Bezos también le habló en la entrevista de que Amazon quería ser la empresa más centrada en el cliente de la Tierra y de que estaban trabajando para construir un lugar donde las personas pudieran ir a buscar y descubrir cualquier cosa que desearan comprar en línea. Y lo harían a través de miles de asociaciones, proceso que duraría varias décadas. Le habló también de que en esos momentos Amazon tenía veinte millones de clientes y, por tanto, deseaban contar con veinte millones de tiendas diferentes, cada una personalizada para cada cliente individual, con distintos productos que vender porque a cada persona le interesan cosas diferentes.

Rose le preguntó en un momento de la entrevista: «¿Qué es lo que más le preocupa?», y Bezos le contestó que el mayor problema para una empresa que crece tan rápido es la ejecución: «Con tantos clientes nuevos, tantas transacciones nuevas y el tipo de servicio al cliente por el que tenemos una reputación, es complicado no solo mantenerlo, sino, como nos proponemos, mejorarlo». Entonces el periodista inquirió sobre cuál era el error más grande que había cometido en los pocos años de vida de Amazon, a lo que Bezos respondió que había tenido muchos, pero que probablemente el mayor había ocurrido unos nueve meses antes de esa entrevista, ya que necesitaban implementar un proceso de planificación para la empresa ligero pero formal pero quizás resultó demasiado burocrático.

El periodista le preguntó sobre cómo atraían y retenían el talento en Amazon. Bezos le contestó que lo primero que les decía a sus empleados es que Amazon era una empresa centrada en el cliente, lo que significaba «escuchar, inventar y personalizar. Y continuaba explicándoles su filosofía: «Primero tienes que escuchar a los clientes. Las empresas que no escuchan a los clientes fracasan. En segundo lugar, hay que inventar para los clientes porque las empresas que solo escuchan a los clientes fracasan. No es trabajo de los clientes inventar por sí mismos. Ese tipo de cosas son las que a los clientes realmente les gustan; ese es nuestro trabajo, no el de ellos, pensar en eso. Y en tercer lugar, hay que personalizar, tomar a cada cliente individualmente y colocarlo en el centro de su propio universo».

Cuando hablaba de la empresa más centrada en el cliente de la Tierra lo decía de una manera muy amplia. Lo que quería de verdad era elevar los estándares mundiales de servicio al cliente y centrarse en él. En ese punto de la entrevista, Bezos puso de ejemplo a Sony: «Sony, que nació justo después de la Segunda Guerra Mundial, es una empresa que se propuso dar a conocer a Japón por su calidad. No Sony, Japón». Y eso es lo que Bezos confesó que deseaba hacer: «Algo más grande que amazon.com, un nuevo ejemplo de servicio al cliente y centrado en él que otras empresas puedan mirar y admirar y que quieran emular».

El periodista le preguntó cuándo empezó el sueño de emprender, de crear una empresa, y Bezos le respondió que no recordaba el día exacto, pero que cuando estaba en la universidad fue cuando comenzó a pensar en querer ser emprendedor algún día y que era uno de esos niños que siempre estaban tratando de recaudar dinero. Contó que siempre le habían gustado los ordenadores y que tuvo la suerte de que en su escuela hubiera uno central. Enseguida supo que había un juego de *Star Trek* preprogramado en él y se pasó horas jugando cuando estaba en cuarto de primaria. Y que cuando estaba en la universidad comenzó a observar cómo algunas personas estaban abriendo servicios de entrega de *pizzas* allí. Esto le dio una pista de que las cosas que se entregaban tenían futuro.

Rose le preguntó: «Si no fueras el CEO de amazon.com hoy, ¿qué te gustaría hacer o ser?». Bezos le contestó que, en ese caso, ayudaría a explorar el espacio.

Más tarde, en el turno de preguntas del público asistente a la entrevista, alguien quiso saber qué había aprendido sobre las cosas que se podían hacer bien en Internet y las que no en relación con la experiencia centrada en el cliente que tanto proclamaba, y él confesó que el error que veía es que las empresas trataban de emular las experiencias del mundo físico. Y puso de ejemplo que a la gente le gustaba divertirse en las librerías y que el tipo de cosas que hacían las librerías físicas para crear una experiencia divertida no se podía reproducir en línea. Por ejemplo, muchos clientes le habían pedido que replicara en línea las firmas de autores, pero él explicó que no funcionarían porque lo que buscaba el cliente con esa experiencia era conocer al autor. Pero añadió también que se podían hacer cosas maravillosas en línea igual de divertidas y que había que encontrar cosas nuevas, así que realmente se trataba de invención y no de replicación.

Otro miembro del público le preguntó si había límites en la selección de productos que ofrecían a los clientes en amazon.com y Bezos respondió que los vestidos de noche, ya que no creía que fueran a funcionar bien en la venta en línea.

Más tarde habló de sus planes de bajar los precios en la medida en la que creciera su base de clientes: «Cuando bajas los precios, también aumentas la cantidad de clientes que tienes; se eleva el nivel de ingresos. El comercio minorista en el mundo físico es un negocio de costes variables: si duplicas sus ventas, duplicas sus costes. Pero en el comercio electrónico, cuando duplicas las ventas, no duplicas los costes. Como resultado, en el mundo físico, aunque se tenga el mejor servicio, no se pueden ofrecer los precios más bajos. En línea es más posible».

Comentó también que el 15 % del mercado minorista de EE. UU. podría moverse al comercio electrónico en una década o algo más, pero evidentemente erró, pues solo en la pandemia, cuando el mercado total ya movía 5 trillones de dólares, dos décadas después, no una, se llegó a ese porcentaje.

Otra de las preguntas sobre el futuro de Amazon que le plantearon fue si era posible que la compañía comprara una cadena de tiendas físicas o que la abriera directamente. Él lo negó rotundamente alegando que no sabrían cómo mejorar esa experiencia y que no querían hacer nada que ya estuviera bien hecho y que no supieran cómo mejorar.

El 11 de julio de 2001 la *CNN* publicó el artículo: «The Billion-Dollar Losers Club ¿Cree que sus pérdidas en acciones fueron enormes? Imagínese ser uno de estos tipos». El artículo empezaba así:

«Groucho Marx dijo una vez que nunca querría ser parte de un club que lo tuviera como miembro. Los miembros de este club saben exactamente cómo se sintió. Estas veinte víctimas de la burbuja tecnológica, así como Greg Raifman, de Mediaplex, se encuentran entre los que han visto destrozada su fortuna en papel en diez cifras durante los últimos 18 meses aproximadamente. ¿El gran perdedor? Michael Saylor, de MicroStrategy, quien vio desaparecer la asombrosa cantidad de 13.5 mil millones de dólares».

En esta lista de los veinte perdedores, ¿sabes quién era el segundo? Jeffrey Preston Jorgensen, más conocido en el mundo por *Jeff Bezos*.

Bezos empezaba a aparecer en este tipo de listas y en muchos artículos se le ponía como ejemplo de lo que no había que hacer en economía. Era *el Mesías del desastre.com*. Sin embargo, Bezos hablaba constantemente de que cada vez tenían más clientes satisfechos, y eso era lo importante. Y ponía como ejemplo que en las navidades del año 2000 amazon.com recibió 31 millones de pedidos de consumidores electrónicos y el 99 % se entregaron a tiempo.

Bezos seguía siendo un personaje mediático. Tanto, que incluso empresas como Taco Bell lo eligieron como «protagonista» de sus anuncios, como el siguiente:

Ver anuncio de Jeff Bezos para
Taco Bell, en 2001.

El 23 de octubre de 2001 Amazon anunció sus resultados del tercer trimestre. Seguía perdiendo dinero. Las cosas empezaban a ser insostenibles. El comunicado de Amazon, dado a conocer por Warren Jenson, director financiero de amazon.com por entonces (y hoy presidente de MD of International), se titulaba: «amazon.com anuncia los resultados del tercer trimestre de 2001. Espera rentabilidad operativa proforma en el cuarto trimestre; espera la séptima temporada navideña».

Las ventas netas fueron de 639 millones de dólares en comparación con los 638 del tercer trimestre de 2000. «Seguimos esperando una rentabilidad operativa proforma para el cuarto trimestre y, si bien no hay garantías, estamos bien posicionados para lograr este importante hito. Hemos reducido nuestros costes operativos en un 20 % y ahora podemos permitirnos impulsar el crecimiento disminuyendo los precios para los clientes», dijo Bezos. El comunicado añadía: «Si está comprando libros por más de 20 dólares en cualquier lugar que no sea amazon.com, probablemente esté desperdiciando dinero».

El segmento de libros, música y DVD/vídeo de EE. UU. había sido rentable por sexto trimestre consecutivo. En todo el mundo se agregaron en ese trimestre 2.9 millones de nuevos clientes, incluido un millón de nuevos clientes internacionales.

En el comunicado se exponían las expectativas del cuarto trimestre de 2001: «Que las ventas suban un 10 % sobre el cuarto trimestre de 2000 y que el margen bruto esté entre el 22 y el 25 % de las ventas netas».

 Ver comunicado de Amazon sobre los resultados del tercer trimestre de 2001 y las expectativas del cuarto.

El 26 de noviembre de 2001 *Fortune* publicó un artículo donde relataba la anécdota que ocurrió en el año 2000 durante un programa de MSNBC filmado en la Universidad de Stanford. Una persona del público que era accionista de Amazon hizo una pregunta a Bezos: «¿Puede decirme qué es exactamente lo que tengo?». La respuesta de Bezos fue sorprendente: «Lo que tienes».

Bezos apenas unas semanas antes había comenzado a referirse a Amazon como una «incubadora»: acababa de firmar con puntocoms como drugstore.com, living.com, Audible y la empresa de venta de automóviles en línea greenlight.com. Iban a pagar grandes tarifas a Amazon por la oportunidad de mostrarse en su sitio web. A diferencia del lanzamiento de una nueva categoría de productos de Amazon, que requería gastar mucho dinero para comprar productos y construir infraestructura física, estos acuerdos fueron limpios. Harían que el negocio de Amazon fuera escalable y eficiente, tal como se suponía que funcionaba el comercio electrónico en general.

Ese artículo de *Fortune* ironizó con que en esas fechas, a finales de 2001, Bezos ya no se refería a Amazon como una «incubadora». En esos momentos estaba firmando acuerdos con minoristas tradicionales, como Target, Circuit City y Borders. Amazon ejecutaría todas o parte de sus operaciones de comercio electrónico y vendería los productos del minorista en amazon.com y, en algunos casos, almacenaría productos, distribuiría pedidos y ejecutaría el sitio web del socio. Estos nuevos socios pagarían a Amazon en efectivo y ayudarían a que las acciones dejaran de caer. Bezos parecía intuir un «nuevo Amazon».

En medio de esos cambios y de que muchos analistas tuvieran dudas, una iba contracorriente: Mary Meeker, de Morgan Stanley: «Amazon es una de las grandes empresas de nuestra época».

Parecía que Amazon tenía la intención de hacer cientos o miles de acuerdos con minoristas, fabricantes y compañías de catálogo que hicieran que la compañía alcanzara la cifra de facturación de 5000 millones de dólares al año, lo que le daría por fin rentabilidad operativa. Bezos pensaba por entonces que podía generar márgenes operativos del 10 % y que era poco probable que Amazon se quedara sin efectivo. El artículo destacaba el extraordinario talento de Bezos, que nunca debía subestimarse, para convencer a las personas de que invirtieran en Amazon: nadie esperaba que AOL entregara 100 millones de dólares a Amazon en forma de inversión de capital en ese momento, julio de 2001, en plena tormenta.

El 10 de diciembre la revista *Barron's* aventuró en un artículo que Amazon estaba al borde de caer por un abismo e hizo referencia a un artículo que había publicado el 31 de mayo de 1999, en el apogeo de la burbuja de las puntocom, titulado «Amazon Bomb», donde venía a decir que la empresa de Bezos era un pufo. Después de 22 años de ese artículo demoledor, la portada de la prestigiosa revista auguraba el fracaso seguro de Amazon.

Ver artículo de Barry Ritholtz para
Barron's: «Amazon.Bomb», en 1999.

Bezos puso un tuit al respecto:

«Escuche y sea abierto, pero no permita que nadie le diga quién es usted. Esta fue solo una de las muchas historias que nos cuentan todas las formas en las que íbamos a fallar. Hoy Amazon es una de las empresas más exitosas del mundo y ha revolucionado dos industrias completamente diferentes».

En el artículo de diciembre de *Barron's* se dice que los inversores están desilusionados y que se están dando cuenta de que los almacenes, los inventarios y el personal de Amazon ocasionan casi tantos gastos generales como los de sus rivales tradicionales, por lo que sus acciones no merecen un precio astronómico en la nueva economía.

En las últimas semanas, cuando se publicó ese artículo de *Barron's,* las acciones se habían recuperado desde un mínimo de septiembre de 5.97 dólares; había esperanza de que las ventas navideñas superasen las expectativas. Amazon estimaba ingresos de 970 a 1.07 mil millones de dólares en el cuarto trimestre, lo que elevaría las ventas de 2001 entre un 8 y un 11 % por encima de los 2.76 mil millones de dólares de 2000.

Pero se esperaba que las ventas en el segmento más grande de la compañía, libros, música y vídeos, cayeran un 5 % en 2002 debido a la competencia, según Lehman Brothers. La categoría representaba el 46 % de los ingresos esperados de Amazon en 2002. Mientras tanto, el único segmento que se expandía y mostraba una ganancia operativa era el de los servicios, que incluía los acuerdos de Amazon con otros *retailers*.

Bezos sabía que se la jugaba a todo o nada. En medio del apocalipsis puntocom, sentía el aliento de la tragedia en la nuca y tomaba medidas inéditas, como la entrega gratuita en territorio estadounidense de todos los pedidos cuyo importe excediera de 99 dólares. Y se centró en la venta de los productos más rentables, como juguetes, libros, vídeos y *software,* además de paralizar la venta de los productos menos rentables. También tuvo algo de suerte, pues uno de los que podrían estar entre sus principales competidores en la venta de juguetes en línea desapareció: eToys había caído durante 2001.

amazon.com estaba al borde del precipicio, se la jugaba. No podía fallar en las navidades o posiblemente todo se acabaría.

6
¡AMAZON ESTÁ VIVO!

Y, de pronto, ocurrió el milagro.

El 31 de enero de 2001 sucedieron varias cosas fundamentales: amazon.com publicó que obtenía por fin beneficios, la primera vez en sus más de seis años de vida, informó también de despidos masivos y apareció una entrevista crucial en *Fast Company*.

amazon.com había ganado 5.75 millones de dólares en el cuarto trimestre; su valor en Bolsa se había disparado y las acciones habían subido más del 20 %. También estaban celebrando el importante crecimiento de las ventas ya que superaban por primera vez los 1000 millones de dólares en un trimestre, y se cumplió la promesa de Bezos de publicar su primera ganancia trimestral el martes, superando cómodamente los pronósticos de Wall Street en el proceso. «Estamos increíblemente felices. Realmente el crecimiento lo impulsaron los precios más bajos para los clientes en el cuarto trimestre», dijo Bezos a la *CNN*.

La compañía redujo los costes operativos a la mitad en el trimestre, lo que le permitió disminuir los precios de su negocio principal de libros, música y vídeos a cambio de obtener mayor volumen. Las acciones de Amazon subieron de 2.43 a 12.59 dólares. Ese mismo día, el 31 de enero de 2001, *The Washington Post* publicó el artículo: «amazon.com cutting 1,300 jobs» («amazon.com recorta 1300 puestos de trabajo»), donde explicaba que el 30 de enero la compañía anunció la reducción de su fuerza laboral en un 15 %. Amazon había dado números positivos, pero estaba muy lejos de ser suficiente: tenía una deuda de 2000 millones de dólares. En ese momento Bezos comunicó la creación de un fondo fiduciario con 2.5 millones de dólares en acciones de Amazon que se distribuiría en 2003 a los empleados despedidos.

Ver artículo de *The Washington Post:*
«amazon.com recorta 1300 puestos de trabajo».

Muchos seguían pensando que la recuperación de amazon.com no era posible. Para algunos, Bezos representaba, incluso encarnaba, el futuro; para otros, era un estafador multimillonario que se engañaba a sí mismo. Algunos veían muy claro que estaba condenado al fracaso. En el análisis de flujo de caja Downside's Deathwatch se dio el 10 de julio como fecha en la que Amazon se quedaría sin efectivo. Ken Cassar, analista de la consultora estadounidense Jupiter Media Metrix (JMM), tenía una visión intermedia: «Amazon tiene un negocio viable, pero no creo que pueda competir con éxito con Walmart. Sus aspiraciones tendrán que ser un poco más pequeñas si espera estar presente a largo plazo. Cuando miras categorías como césped y jardín, no encajan perfectamente con la base de libros y entretenimiento de Amazon».

Bezos había despedido a 1300 personas pero unos meses antes había comprado una mansión valorada en 10 millones de dólares. Ya podía decir que era vecino de Bill Gates y que había entrado en el club de los multimillonarios, esos que viven en barrios con mansiones de superlujo en la «costa dorada» del lago Washington en Seattle.

Cuando Bezos despidió a gran parte de su plantilla, la revista *Fortune* estimaba su riqueza en papel personal en aproximadamente 10 000 millones de dólares, más que el PIB de Islandia. Los capitalistas de riesgo aún amaban a Bezos. Estaba de moda. Era el friki de risa huracanada que había dejado una brillante carrera para tirarse al vacío, y le había salido bien. Era un tipo del que fiarse. Si Bezos apostaba por Internet, había que seguirle. Era emocionante seguir a aquel tipo.

Si Amazon caía, lo harían toda la «nueva economía» y toda la credibilidad de los fondos de inversión. Había que hacer todo lo posible para que esto no sucediera. Además, Bezos parecía muy seguro de sí mismo; tanto, que era imposible no creer en él.

Ese mismo día apareció una entrevista muy interesante en *Fast Company* donde se revelaba que a Bezos le rodeaba cierta leyenda, en torno a cómo él y su esposa dejaron Nueva York y partieron hacia Seattle para poner en marcha la empresa de comercio electrónico pionera en el mundo. Ella condujo mientras él escribía el plan de negocio en un ordenador portátil. El texto también revelaba que lo que a menudo se pasaba por alto y es que antes de que se dirigieran al oeste, Bezos había ganado, según los informes, más de un millón de dólares al año como un joven estrella en un fondo de cobertura y se había graduado *summa cum* laude en ciencias de la computación e ingeniería eléctrica en Princeton.

El periodista retrataba a Bezos como una persona modesta, anticuada e incontenible, y comentaba que su risa, a la que se había descrito como la de «un idiota haciendo gárgaras de abejorros» y «un bocinazo rápido que suena como una bandada de gansos canadienses sobre óxido nitroso», también estaba a la altura de su reputación. Y resumía: «Hablamos con Bezos, 43 carcajadas en solo 40 min, en la sede de amazon.com en Seattle».

Bezos reveló en la entrevista algunos detalles personales, como que tenía la costumbre de sacar una cámara y tomar fotografías a medida que avanzaba el día para llevar un diario fotográfico ya que escrito requería demasiada energía. Esas fotos las iba guardando en cajas y las encerraba en un armario.

Habló también de su primer trabajo en un McDonald's cuando era un joven friki granujiento y de cómo uno de los grandes regalos que recibió de ese trabajo es que descubrió que podía romper huevos con una sola mano.

Contó que compraba diez libros al mes pero solo leía tres, y que su novela favorita era *Los restos del día;* que amaba *Dune;* que su libro de negocios favorito era *Built to Last,* de Jim Collins y Jerry Porras (traducido en España como *Empresas que perduran,* libro que yo también recomiendo); que su película favorita era *Dr. Strangelove* (en España, *¿Teléfono rojo? Volamos hacia Moscú*), y que era un gran fan de Peter Sellers.

En la entrevista le preguntaron por la frecuencia con la que revisaba los resultados, sus ventas comparables del año pasado y ese tipo de cosas. Bezos dijo que recibía un mensaje de correo electrónico todos los días con esa información y que era su principal entretenimiento a diario excepto si sucedía algo realmente extraño.

Bezos habló también de lo mucho que le gustaba ir a tiendas físicas para ver a otras personas y observar qué y cómo compraban, y para tocar y oler cosas. Y sobre esto confesó: «El mundo físico sigue siendo el mejor medio jamás inventado. Es una excelente manera de hacer las cosas. (riendo) Tiene algunas limitaciones desafortunadas. (risa) Somos una especie gregaria. Internet cambia muchas cosas, pero una cosa muy importante que no cambia es la naturaleza humana».

El artículo termina con un «Póngase en contacto con Jeff Bezos por correo electrónico (jeff@amazon.com)».

Ver entrevista a Jeff Bezos para *Fast Company*:
«Face Time con Jeff Bezos», en enero de 2001.

Bezos entonces volvió a congelarse el sueldo por tercer año consecutivo. Tenía un sueldo de 81 840 dólares sin bonificación. La mansión de 10 millones de dólares y otros lujos los había ido pagando vendiendo acciones cada cierto tiempo. En 2001 otros altos ejecutivos cambiaron opciones sobre acciones sin valor por otras nuevas, vieron ligeros aumentos salariales y recibieron bonificaciones. Bezos no había recibido un bono ni ejercido opciones sobre acciones en los últimos tres años, pero había reducido constantemente sus participaciones en la empresa del 41 % en 1998 al 30 % en 2001. Aunque no aceptó opciones ni bonificaciones durante el año, a otros ejecutivos les fue mejor. Mark Britto[1], vicepresidente sénior de ventas de servicios mundiales y desarrollo comercial, tuvo un salario de 150 000 dólares y un bono de 1 millón de dólares .

El salario de Warren Jenson[2], director financiero de Amazon, fue de 178 675 dólares en 2001 y su bonificación de 1.58 millones de dólares, frente a los 1.96 millones de 2000.

Diego Piacentini[3], vicepresidente sénior a cargo del comercio minorista y marketing en todo el mundo, tuvo un salario de 175 000 dólares en 2001, frente a los 150 694 dólares del año anterior. Su bono de 2001 cayó a 1.23 millones de dólares, frente a los 1.66 millones de 2000.

Jeffrey Wilke (que anunció en agosto de 2020 su despedida de Amazon), por entonces vicepresidente sénior de operaciones y servicio al cliente de Amazon, tenía un salario de 143 130 dólares en 2001, frente a los 121 680 dólares del año anterior.

El 23 de abril de 2002 Amazon publicó sus resultados del primer trimestre del año. Las ventas netas del trimestre fueron de 847 millones de dólares, en comparación con los 700 millones de dólares del primer trimestre de 2001, un aumento del 21 %. Y anunció una ganancia operativa en el primer trimestre de 2002 de 2 millones de dólares, en comparación con una pérdida de 217 millones de dólares en el mismo período de tiempo en 2001.

Pero lo más importante fue que anunció que volvía a bajar los precios de los libros: «En julio pasado redujimos los precios de los libros de más de 20 dólares un 30 %; luego, seis meses después, presentamos el envío gratuito Super Saver en pedidos de más de 99 dólares. Hoy estamos encantados de extender nuestro descuento del 30 % para incluir libros de más de 15 dólares», dijo Bezos. «Dijimos que somos el tipo de minorista que trabaja sin descanso para reducir los precios para los clientes, pero no esperábamos poder hacerlo de nuevo tan pronto».

Comunicado de Amazon sobre los resultados del primer trimestre de 2002 en el que anuncia su beneficio operativo, la bajada en el precio de los libros y sus previsiones financieras.

Jenson añadió en el comunicado: «Es lo mejor de todos los mundos: precios más bajos para los clientes, mejor servicio al cliente y costes más bajos».

El 19 de mayo de 2002 *The New York Times* publicó el artículo: «Amazon II: ¿Durará esta sonrisa?», de Leslie Kaufman. En él se hablaba, además de la evolución de Bezos, de que Amazon parecía estar entrando en otra fase más de su muy analizada vida pública, ganando elogios de los inversores por la velocidad a la que había reducido los costes durante 2001 mientras mantenía el crecimiento de las ventas. Muchos analistas de Wall Street, aunque impresionados con las mejoras de Amazon, comentaba el artículo, decían que la grandiosa ambición de la compañía de vender de todo, desde especias indias hasta comida para perros, no había dado resultado.

Bezos había demostrado que el negocio de los libros podía ser un negocio en línea muy rentable, pero, para sostener el modelo de negocio de Amazon y justificar su capitalización de mercado, la empresa tenía que demostrar que otras categorías eran viables en Internet; ahí era donde estaba el gran reto.

Durante el primer trimestre de 2002 las ventas de libros, música y DVD y vídeos representaron 443 millones de dólares, más de la mitad de los ingresos de Amazon. Sus siguientes categorías nacionales más grandes, electrónica, herramientas y equipos de cocina, recaudaron solo 126 millones de dólares. Las ventas de su división internacional fueron de 225 millones de dólares. Significativamente, ambas divisiones que no eran libros tuvieron grandes pérdidas. Los servicios de Internet proporcionados a otras empresas, como Toys «R» Us, representaban la única otra fuente de beneficios rica de la organización más allá de los libros. Pero, según indicaba *The New York Times,* el negocio de los servicios era vulnerable porque la desaceleración del comercio electrónico había dado a las compañías de marcas reconocidas que no pertenecían a Internet mayor influencia para negociar mejores acuerdos.

El artículo recogía la noticia de que en los últimos meses amazon.com también había perdido a cuatro importantes ejecutivos: Jenson[4], que se había incorporado a la empresa en 1999 y al que calificaba como el arquitecto más importante de la nueva disciplina financiera de la compañía; David Risher[5], un veterano de Amazon que había sido el jefe de su división minorista y de marketing en EE. UU., que representaba alrededor de dos tercios de todo el negocio, y los jefes de Amazon Europa y de su subdivisión Amazon Francia.

Según Kaufman Bezos lamentaba las renuncias de Jenson y Risher pero tenía la fuerza necesaria para garantizar que sus sucesiones fueran fluidas. Muchos analistas plantearon la posibilidad de que

Bezos, en un modelo clásico de emprendedor como director ejecutivo, estuviera alejando a los mejores talentos porque no podía ceder el control de la organización que había atendido desde su nacimiento.

Hacía dos años Joseph Galli Jr., presidente de la compañía y segundo al mando detrás de Bezos, renunció después de solo un año en el puesto, y no había planes para reemplazarlo. Bezos ahora ostentaba los títulos de director ejecutivo, presidente y director de operaciones; le rendían cuentas seis vicepresidentes superiores de igual rango.

Bezos había vendido menos del 5 % de sus 111 millones de acciones. Le preguntaron cuál era el futuro de Amazon y contestó: «Nuestra visión no ha cambiado en absoluto en cuatro años. Se trata de construir un lugar para encontrar y descubrir cualquier cosa que los clientes quieran comprar en línea».

En noviembre de 2022 Bezos impartió una conferencia mítica en el Instituto Tecnológico de Massachusetts (MIT) titulada «La empresa más centrada en el cliente de la Tierra: Diferenciarse con la tecnología (*Earth's Most Customer-Centric Company: Differentiating With Technology*)» en la que contó cómo había dejado su brillante puesto de trabajo en una empresa para fundar Amazon tras enterarse en la primavera de 1994 de que Internet estaba creciendo un 2.300 % al año, por lo que intuyó que muy pronto sería algo enorme. Dejó su trabajo, hizo las maletas y voló con su mujer a Fort Worth, Texas, donde su padrastro les dio un coche, un Chevy Blazer de 1988 que Consumer Reports recomendaba no comprar usado bajo ninguna circunstancia a ningún precio. Y se fue en coche desde Fort Worth a Seattle. Casi 3500 km.

En el vídeo cuenta que eligió Seattle como sede de Amazon porque estaba muy cerca de los almacenes centrales de los principales distribuidores de libros del país. También habla de las primeras contrataciones que hizo y de los grandes retos a los que tuvo que enfrentarse en los primeros días; de cómo Amazon no se llamaba en esos días así, sino Cadabra, nombre que cambió porque le dijeron que sonaba a «cadáver», y, sobre todo, habla de lo que vino después: cómo consiguió crear «la empresa más centrada en el cliente del planeta Tierra».

Ver conferencia de Jeff Bezos en el Instituto Tecnológico de Massachusetts (MIT): «La empresa más centrada en el cliente de la Tierra: Diferenciarse con la tecnología».

Bezos y la muerte

7 de marzo de 2003. Bezos se encuentra en el suroeste de Texas buscando propiedades para una posible compra. Sube a un helicóptero. Viajan con él el piloto Charles Bella, de El Paso, y otros dos pasajeros: Elizabeth Korrell, de 34 años, de Seattle, asistente ejecutiva de Bezos, y Ty Holland, de 55 años, de Fort Davis, Texas. Despegan. Apenas pasan unos minutos cuando sienten que algo va mal. El viento es más fuerte de lo que esperan y golpea el helicóptero, que pierde altura, choca contra varios árboles, vuelca y finalmente se estrella y cae en un arroyo.

Él y Korrell son tratados en un hospital local por heridas leves en la cabeza, Holland se lesiona el hombro y Bella se niega a recibir tratamiento.

Ese día Bezos, con 38 años, poseía una fortuna de 2500 millones de dólares. Era el 147.º estadounidense más rico según *Forbes*. Solo había necesitado unos pocos años para ser multimillonario.

Oficialmente Bezos solo sufrió unas pequeñas heridas, pero pudo haber muerto. ¿Qué le pasó aquel día por la cabeza?

Ver el parte original del accidente de Bezos de marzo de 2003.

Siempre me han interesado su raciocinio, sus pensamientos, sus ideas, sus propósitos; qué hizo que un tipo aparentemente normal se convirtiera en una de las personas más poderosas del mundo. Pero sobre todo me ha interesado cómo gestó y desarrolló Amazon.

Para entender Amazon hay que intentar comprender su personalidad. Bezos es uno de los personajes capitales en la historia del *retail* moderno. Amazon es Bezos, y Bezos es Amazon. Sin él no hubiera existido Amazon.

Quien lo conoce sabe que se trata de un genio. Es el padre de algo que se llama Amazon. Quiere que Amazon llegue a la Luna; quiere que casi todos los hogares del mundo avanzado tengan algún miembro adherido a su programa de membresía Prime Member; quiere cambiar las formas de consumo del siglo XXI, y quiere destrozar los muros que separan el *retail* físico del digital.

Después de sobrevivir a este accidente, Bezos nos enseñó el camino: en 2006 Amazon lanzó un servicio de computación en la nube; en 2007 presentó su lector electrónico Kindle; en 2010 lanzó su división de Estudios de Amazon con los que hacía sus propias películas y programas de televisión; en 2011 anunció que la compañía vendía más libros electrónicos Kindle que impresos en tapa dura y lanzó Kindle Fire, la tableta de Amazon, y en 2013 entró en el mercado del arte creando el portal de compraventa Amazon Art, una galería digital que incluye obras de arte únicas de artistas como Claude Monet o Norman Rockwell.

Además, Bezos ha adquirido varias compañías a lo largo de su historia, incluida la zapatería en línea Zappos, el sitio de transmisión de videojuegos twitch.tv y Kiva Systems, un fabricante de tecnología de automatización para centros logísticos. En 2013 compró *The Washington Post* y publicaciones afiliadas por 250 millones de dólares y en 2015, la red de supermercados Whole Foods, y superó a Walmart como el minorista más valioso del mundo, y en 2021 cerró la compra de los míticos estudios Metro-Goldwyn-Mayer. Y así hasta llegar a ser una de las empresas más importantes de occidente. Y seguramente llegará a ser una de las más importantes de la historia. También es muy posible, si antes no se trocea en empresas independientes, que sus ventas superen el PIB de España antes de finales de esta década.

7

BEZOS, BEZOS, BEZOS...

En 2003 Bezos afirmó ante los accionistas que el envío gratuito de Amazon era un gran éxito y que, si Amazon hubiera sabido el éxito de la iniciativa de ofrecer envío gratuito en pedidos superiores a 25 dólares en EE. UU. y 39 libras en el Reino Unido, la compañía habría lanzado su Free Super Saver Delivery mucho antes. Bezos recalcó que introducir el envío gratuito fue el desarrollo más sorprendente y que, aunque había sido costoso de configurar, Amazon obtendría beneficio con ello durante años. Argumentó que se trataba de una gran estrategia, pues los clientes de Amazon gastarían más en cada visita, recargando su compra para asegurarse de obtener el envío gratis: en lugar de comprar, por ejemplo, un solo CD, comprarían dos o tres.

Dos meses después del accidente, la revista *Fortune* entrevistó a Bezos. La *CNN* reprodujo el artículo, que tituló: «El poderoso Amazon Jeff Bezos ha sido aclamado como un visionario y tachado de bobo. Ha demostrado que los críticos estaban equivocados al forjar una estrategia de gestión ganadora basada en el cerebro, las agallas y, sobre todo, los números».

El artículo de *Fortune,* que se realizó mientras Bezos estaba haciendo una sesión de fotos, cuenta cómo le estaban tomando una foto saltando en un trampolín gigante y muestra a Bezos, que tenía entonces 39 años, con el entusiasmo de un niño de diez en una sala de juegos. Hacía bromas sobre su físico, cada vez con más evidencias de alopecia, hablaba con el fotógrafo sobre su equipo e incluso ayudaba a los asistentes de fotografía a reorganizar la toma. Bezos se metía en el papel. Reía estruendosamente. Era un hombre de gestos exagerados. Iba cambiándose de ropa: se vestía como un chef de cuatro estrellas para promocionar una tienda de cocina de Amazon o se subía a una mesa de conferencias y adoptaba cierta postura para señalar su interés en una presentación de negocios. El artículo recuerda que durante la burbuja de Internet su enorme personalidad lo hizo parecer divertido e inspirador, y lo usó astutamente para hacer de él y de su empresa una de las historias de negocios más comentadas en una generación. Pero cuando el precio de las acciones de Amazon cayó y sus pérdidas continuaron aumentando, soportó los rumores de que su comportamiento lo hacía parecer despistado. En otras palabras: cuando empezaron a venir mal dadas, pasó de visionario original y simpático a tonto de risa estrambótica, a friki con suerte que tenía los días contados en el club de los más listos de la clase.

La gente se preguntaba sobre Bezos: ¿es tan tonto como Bill Gates o Michael Dell? ¿Es tan tonto como el difunto Sam Walton (el fundador de Walmart)? ¿Es Bezos el superviviente con suerte de la basura de las puntocom? Ya no. Amazon había comenzado a prosperar. Su criatura, amazon.com, ya facturaba más de 4000 millones de dólares y estaba creciendo más de un 20 % al año. Los costes operativos de marketing, inventario y almacén, que antes eran tan altos que hacían que los minoristas tradicionales parecieran eficientes, ahora resultaban tan bajos que solo los de Dell y muy pocos otros eran mejores. El margen de beneficio operativo de Amazon del 5 % acababa de superar el de la mayoría de los minoristas y se acercaba al 6 % de Walmart. Con un valor reciente de 30 dólares, el precio de las acciones de Amazon se encontraba en un máximo de dos años y medio, lo que la convertía en una de las principales acciones de los últimos cinco años, incluso teniendo en cuenta su subida y su bajada durante la burbuja. Había superado a empresas como Dell, Cisco, Microsoft, Walmart o GE.

Amazon se dirigía hacia la rentabilidad tan rápido, que los inversores empezaron a dejar de preocuparse por si alguna vez generaría dinero; ahora simplemente debatían cuánto sería la ganancia. La rentabilidad había tardado un tiempo en llegar porque la compañía se endeudó mucho durante la burbuja para financiar su crecimiento, y los gastos relacionados con los intereses todavía absorbían gran parte de los resultados finales. Su negocio relativamente nuevo de electrónica, herramientas y cocinas también estaba perdiendo dinero, aunque a un ritmo cada vez menor. Pero con la caída de los costes y el incremento de los ingresos y las ganancias operativas cada trimestre, se esperaba que ganara aproximadamente 200 millones de dólares en 2003.

Warren Buffett, que nunca había sido un gran partidario de los negocios de tecnología, ahora era fanático de Amazon y de Bezos. Buffett poseía 459 millones de dólares en bonos de Amazon, lo que lo convertía en uno de los mayores tenedores de deuda de la compañía. El conocido inversor y empresario estadounidense decía que había estado usando un mismo ordenador durante ocho o diez años y que pagaba solo por tres cosas en Internet: *The Wall Street Journal,* el *bridge* en línea con el que jugaba todas las semanas y los libros de amazon.com. Y añadía sobre esto último que el hecho de que Amazon fuera una de las tres únicas empresas en línea que sacaban dinero de su bolsillo significaba que estaba haciendo algo bien.

El artículo de *Fortune* habla de que era difícil imaginar a Bezos como un ejecutivo corporativo exitoso, incluso para algunos de sus mayores patrocinadores, pero que cualquiera que hubiera trabajado para él no se sorprendería lo más mínimo del éxito que estaba teniendo. Mientras que Bezos, la celebridad, se vendía a sí mismo como un cachorro, Bezos, el jefe, nunca se mostraba tan «tierno». Trabajar en Amazon era como ver Disney World desde los túneles subterráneos: Bezos no paraba de sonreír y era inseparable de sus carcajadas ensordecedoras, pero en el trabajo se mostraba agotador, serio y exigente. Las reuniones de gestión semanales eran maratones de 4 h que se asemejaban a exámenes de doctorado orales. Los ejecutivos hacían presentaciones sobre nuevos productos, tecnologías, estrategias de precios o medidas de control de costes, y Bezos, con la habilidad de un fiscal de primera clase, hacía preguntas hasta que quedaba satisfecho tras haber explorado todos los ángulos. El artículo comenta también que la gente no se marchaba de Amazon simplemente por desilusión o frustración, como pasa cuando se dejan la mayoría de los trabajos, sino que se iba exhausta. Si Bezos preguntaba: «¿Cómo está el servicio al cliente?», no estaba interesado en una respuesta cualitativa; quería saber los contactos promedio de los clientes por pedido, el tiempo promedio por contacto, el desglose de los contactos de correo electrónico frente a los contactos telefónicos y el coste total para la empresa de cada uno. Jeff Wilke, quien dirigía entonces el servicio al cliente y las operaciones de almacenamiento y distribución de Amazon, decía que analizaba alrededor de trescientos gráficos por semana solo para su división.

Bezos ama los datos; argumentaba que las decisiones basadas en las matemáticas siempre triunfan sobre la opinión y el juicio. Es un controlador extremo y quiere que las cosas se hagan a su manera. Cada comunicado de prensa que lo cita debía pasar por su escritorio. Si Bezos no podía obtener una respuesta de uno de sus altos ejecutivos, microgestionaría cuatro niveles en su jerarquía. Llegó a decir que amazon.com no es el lugar para personas que valoran su autonomía. Bezos siempre desea que los proyectos se realicen en la mitad del tiempo que parece razonable para completarlos, lo que hace que muchos directivos abandonen. Todo el mundo sabe que es la empresa de Bezos.

A pesar de que es un jefe duro, contrata a personas inteligentes de ideas afines y luego juega con su deseo de aprender y cada mes trae a personas relevantes para dar conferencias con el fin de que sus directivos sigan pensando en grande.

El artículo recoge también que Bezos implementó un premio interno, *Just Do It*, en el que los empleados ganadores podían hacer algo que creyeran que ayudaría a Amazon sin obtener el permiso de su jefe. Bezos estaba de acuerdo con recompensar este comportamiento con riesgos porque, según él, tenía que estar bien pensado, pero no tenia por qué tener éxito.

El artículo cita que la opinión de Bezos desde el principio era que estaba creando algo nuevo y revolucionario y que la clave del éxito de la empresa, por tanto, era su capacidad para innovar. Y relata cómo se hizo famoso por las preguntas que realizaba a los candidatos que querían acceder a un puesto de trabajo en Amazon, como: «¿Cuántas ventanas hay en la ciudad de San Francisco?», «¿cuántos árboles hay en el Central Park de Nueva York?» y otras similares. Años después la compañía todavía usa la misma lista de 23 preguntas que creó Bezos para hacer verificaciones de referencias cuando comenzó la empresa. Por ejemplo: «¿En qué situación no pondrías a esta persona?» o «¿es esta persona una de las mejores que has conocido?».

Bezos solía visitar un almacén durante una semana en el cuarto trimestre. Llegaba disparando un aluvión de consultas sobre algoritmos de selección, velocidad de línea y productividad y no dejaba de preguntar hasta que obtenía respuestas que lo satisficieran. Los almacenes eran tan eficientes que en 2003, informa el artículo, Amazon cambió su inventario veinte veces al año. Para él lo más importante en el mundo físico es el viejo criterio, ubicación, ubicación, ubicación, mientras que las tres cosas más importantes para amazon.com son tecnología, tecnología y tecnología.

Fortune recuerda que Bezos también había superado a otros minoristas al dar la bienvenida a los competidores en lugar de luchar contra ellos. En 2003, además de sus propios productos, Amazon ya vendía artículos de segunda mano y muchos otros nuevos de diferentes minoristas. Y recuerda que, cuando Bezos lo propuso por primera vez a principios de 2001, la mayoría de su personal pensó que era una idea suicida. Amazon, que era un minorista que aún se encontraba en las primeras etapas del desarrollo de relaciones con los proveedores, ¿iba a decirles que competirían en la misma página contra los vendedores de artículos nuevos y de segunda mano? Bezos había sido firme: «Dar a las personas la opción de comprar productos nuevos y de segunda mano juntos es bueno para los clientes. Dales la opción. No se van a hacer daño con esa elección. Los datos que tenemos nos dicen que los clientes que nos compran libros usados continúan comprando más libros nuevos de los que nunca habían comprado. Es posible que no quieran gastar 25 dólares por un autor nuevo que nunca han probado. Esto les permite experimentar». Además, apostillaba que era un gran negocio para amazon.com ya que ganaba una comisión en lugar de un margen de beneficio por transacciones de terceros y no incurría en costes de inventario o almacenamiento. Casi el 20 % del volumen unitario de Amazon a principios de 2003 se vendía a través de otros. Este suponía otro dividendo con el que contaba Bezos: los productos vendidos indirectamente reducían la necesidad de aumentar la capacidad de almacenamiento.

La gestión según los números no siempre se tradujo en éxito. Bezos era un gran creyente en la economía de las puntocom y compró partes de acciones de empresas ahora desaparecidas o en dificultades, como kozmo.com y pets.com. Las inversiones le costaron a Amazon cerca de 350 millones de dólares entre 2000 y 2002. La burbuja también llevó a Bezos a expandirse demasiado. En un año, de abrir seis almacenes y llevar el total a ocho, Amazon cerró dos, despidió a casi 1500 personas y recibió un golpe de 400 millones de dólares en cargos de reestructuración.

Pero Bezos pudo recuperarse y hacer crecer a Amazon después de la burbuja. Y desde entonces ha demostrado ser más que un visionario. En el mundo de la tecnología pocos fundadores han podido gestionar sus compañías en la tierra prometida. Por cada Tom Watson, Bill Hewlett, Gates o Dell, ha habido muchos más Sean Fanning.

El dinero invertido inteligentemente (representado en los buenos inversionistas) ahora está comenzando a considerar a Bezos como parte de ellos y no del segundo grupo (el de los que no han sido capaces de hacer una buena gestión de sus compañías en un terreno que parecía prometedor).

Pregúntale a Buffett, quien compara a Bezos con Fred Smith, el fundador de FedEx. «Aquí hay un tipo que tomó algo que está justo frente a nosotros, vender libros, y lo combinó con nueva tecnología para crear en solo un par de años una de las marcas más importantes del mundo. Con FedEx todos conocían el correo y aviones, pero nadie lo había combinado». Después de treinta años, Smith sigue siendo el director ejecutivo de FedEx, y su organización, el transportista nocturno más grande del mundo. Nueve años después de su nacimiento (Amazon), Bezos se está recuperando».

Ver la entrevista a Bezos realizada por la revista *Fortune* y reproducido por la CNN después de su accidente.

8
JEFF, ¿NOS MIENTES?

Somos la librería más grande de la Tierra

El 13 de mayo de 1997 *The Seattle Times* publicó un artículo en el que relataba cómo la mayor cadena de librerías de EE. UU., Barnes & Noble, puso una demanda para impedir que amazon.com anunciara que era «la librería más grande de la Tierra». Además, en dicha demanda se argumentaba que amazon.com, con sede en Seattle, era un «distribuidor de libros» y no una «librería» porque vendía libros a través de Internet. Barnes & Noble explicaba que era la librería más grande del mundo desde 1992, con más de mil puntos de venta. La demanda se presentó en la Corte Federal de Nueva York justo cuando Barnes & Noble lanzó su propio sitio de Internet, llamado barnesandnoble.com, y en ella solicitaba que se impidiera que amazon.com publicara los anuncios que estaban apareciendo en su sitio web y en el *New York Times Book Review*. También pedía daños y perjuicios no especificados por las pérdidas de ventas que pudiera haber sufrido debido al anuncio.

Barnes & Noble aseguraba que el almacén de amazon.com en Seattle tenía solo unos pocos cientos de títulos de libros, mientras que las tiendas de Barnes & Noble contaban con más de 170 000 y argumentaba, además, que ambas compañías podían pedir libros agotados a mayoristas o editores, refutando la afirmación de amazon.com de que ellos tenían acceso a libros que Barnes & Noble no podía obtener.

La demanda se producía justo en los días anteriores en los que amazon.com se preparaba para vender 2.5 millones de acciones a 12-14 dólares cada una. Hasta entonces, en sus apenas dos años de vida, la empresa había perdido más de 6 millones de dólares.

 Ver artículo de *The Seattle Times* sobre la demanda de Barnes & Noble a amazon.com por publicidad engañosa.

En 1999 Amazon vendía el 75 % de todos los libros comprados en línea y barnesandnoble.com solo el 15 %. Barnes & Noble, con tiendas por todo EE. UU. y millones de clientes, valía 4000 millones de dólares para los inversores, y Amazon, que todavía no era rentable, 20 000 millones.

Barnes & Noble intentó combatir a Amazon en su terreno, el digital, pero su modelo de distribución de libros era muy ineficiente.

Durante años Barnes & Noble fue el leviatán de los pequeños libreros. Su concepto de la superlibrería se basaba en que las librerías independientes eran demasiado pequeñas para ser eficientes. Cuando sus clientes no podían encontrar los libros que querían, a menudo tenían que esperar semanas para recibir pedidos especiales. Barnes & Noble abrió enormes tiendas con muchos libros, sofás, cafeterías, etc. El concepto era algo así como «una parte de libros y dos partes de escena social».

Bezos anunció desde el principio que Amazon era «la librería más grande de la Tierra», con más de un millón de títulos a disposición de sus clientes. Era falso: Amazon apenas tenía unos miles de títulos en sus almacenes. Recibía el pedido de los clientes e inmediatamente se lo solicitaba a los grandes mayoristas, muchos cercanos a Seattle. En esta época los tiempos de entrega en Internet eran muy amplios, por lo que daba tiempo a recibir el pedido del cliente, solicitarlo al mayorista, recibirlo y enviarlo al cliente.

En un artículo de *The New York Times* en julio de 1998, directivos de Barnes & Noble sostenían que además se exageraban las ventajas de la venta por Internet. La vicepresidenta y tesorera de la compañía, Elizabeth Babin, dijo que Amazon no tenía que llevar los 1500 millones de dólares en activos duros que tenía Barnes & Noble, pero sí pagar para generar «tráfico virtual» en su mercado digital. También apostilló que el año anterior Amazon había gastado más de una cuarta parte de los ingresos totales en marketing para atraer a clientes. «Esto es lo mismo que pagar por la ubicación para aumentar el tráfico peatonal», declaró Babin.

La mayoría de los analistas predijeron que Amazon sería rentable para fines de 2000, y eso ponía muy nervioso a los directivos de Barnes & Noble, sobre todo a su presidente ejecutivo, Leonard Riggio.

Muchos artículos de la época empezaban a hablar del «milagro Amazon»; incluso en un artículo de *Forbes* de julio de 1998 se comparaba con Walmart, ya que a esta compañía le llevó 12 años y 78 tiendas alcanzar 168 millones de dólares en ventas anuales, mientras que Amazon alcanzó los 148 millones de dólares en su tercer año y debería llegar a los 460 millones de dólares en el cuarto, todo sin abrir una sola tienda.

El caso Walmart

En abril de 1999 Walmart demandó a Amazon acusando a su competidor de infringir secretos comerciales. Walmart solicitó a un tribunal de Arkansas que emitiera una orden judicial contra amazon. com para evitar que la compañía con sede en Seattle supuestamente intentara duplicar tecnología patentada. Walmart afirmaba en su demanda que Amazon reclutó a exasociados de la compañía y se dirigió a sus proveedores para aprender más sobre sus sistemas de información, que incluían datos sobre ventas, inventario y hábitos de compra de los consumidores. Amazon dijo que devolvería la información de Walmart tomada por los exempleados. Una portavoz de la compañía, Betsy Reithemeyer, afirmó que ya se habían devuelto miles de documentos confidenciales de Walmart.

Walmart también nombró a Richard Dalzell[1], un exempleado de Walmart que Amazon contrató como su director de información. Amazon quería saber todo sobre el sistema de comercialización patentado por Walmart, que podía rastrear las ventas y los estantes de existencias con precisión en sus 3600 tiendas en todo el mundo. Eso permitía a la empresa reducir los costes generales y rebajar los precios de la competencia. La demanda de Arkansas fue desestimada por motivos de procedimiento en enero, y los empleados de Walmart inmediatamente volvieron a presentar sus reclamaciones en un tribunal estatal en Seattle, donde tenía su sede Amazon, que presentó una contrademanda en febrero acusando a Walmart de calumnia y difamación.

Walmart y Amazon llegaron a un acuerdo, según el cual los empleados de Amazon serían reasignados a un trabajo en el que el conocimiento de los sistemas informáticos de Walmart no resultaría útil. El día del acuerdo las acciones de Walmart subieron 2125 dólares y cerraron en 95 375 dólares en la Bolsa de Valores de Nueva York, mientras que las acciones de Amazon subieron 15.50, a 186.50 dólares.

El caso de los precios

Entre el 31 de agosto y el 5 de septiembre de 2000 Amazon varió los precios de 68 DVD para probar cómo afectarían estos cambios al volumen unitario de ventas de DVD y a la cantidad total de ingresos. En otras palabras: intentaba determinar la elasticidad de la curva de demanda de los DVD.

Cuando los clientes detectaron que se estaban cobrando precios diferentes por el mismo artículo, se molestaron, lo que provocó que Amazon abandonara la prueba y reembolsara el dinero a unos 6900 clientes. Bezos dijo al respecto en un comunicado: «En retrospectiva, esta prueba aleatoria fue un error, y lo lamentamos porque creó incertidumbre y complejidad para nuestros clientes, y nuestro trabajo es simplificar la compra para ellos. Por eso hace más de dos semanas, en respuesta a los comentarios de los clientes, cambiamos nuestra política para protegerlos». Además, añadió: «Nunca hemos probado y nunca probaremos los precios en función de la demografía de los clientes».

Pero aunque Amazon aseguró que no tenía planes de volver a realizar pruebas de precios aleatorios, no descartó hacerlas en el futuro: «Si alguna vez volvemos a hacer una prueba de este tipo, automáticamente les daremos a los clientes que compraron un artículo de prueba el precio de prueba más bajo para ese artículo al final del período, asegurando así que todos paguen el precio más bajo disponible».

 Ver comunicado de amazon.com sobre las pruebas de precio aleatorias realizadas en el año 2000.

El caso Toys «R» Us

El 25 de mayo de 2004 *The New York Times* publicó un artículo donde explicaba cómo Toys «R» Us acusaba a amazon.com de romper el contrato en el que otorgaba a Toys «R» Us el derecho de ser el vendedor exclusivo de juguetes y juegos en el sitio de Amazon.

En el otoño de 1999 el mercado de juguetes se encontraba entre las líneas de negocio más competitivas de Amazon. En agosto de 2000 Amazon y Toys «R» Us dejaron de competir y formaron una empresa conjunta en la que Toys «R» Us se convertía en el vendedor exclusivo de la mayoría de los juguetes, juegos y productos para bebés en el sitio de Amazon. A principios de 2001 eToys, una importante tienda de Internet, había cerrado. Según el contrato con Amazon, Toys «R» Us acordó pagar 50 millones de dólares al año durante diez por la cláusula de exclusividad, que tenía algunas excepciones, así como un porcentaje de las ventas de Toys «R» Us en el mercado.

Pero Amazon no respetó el acuerdo, ya que cambió su modelo de negocio de estos acuerdos exclusivos a favor de tener múltiples comerciantes que ofrecían los mismos productos, a menudo a precios diferentes. En libros y electrónica, por ejemplo, Amazon con frecuencia mostraba a una docena de comerciantes que competían con las propias ofertas de Amazon en esas categorías, algo inaudito en la época.

Amazon intentaba cada vez más replicar el éxito de eBay, un mercado en línea que estaba creciendo más rápido y de manera más rentable que Amazon. eBay, que se había centrado en artículos usados e inusuales y se estaba moviendo en el territorio de Amazon, ofrecía nuevos productos convencionales, a menudo con precios fijos en lugar de subastas. En el artículo se describe cómo Amazon respondió al desafío de eBay incorporando tantos comerciantes distintos como pudo.

Hasta ese momento el acuerdo con Amazon no había sido un éxito financiero para Toys «R» Us: en 2003 perdió 18 millones de dólares en 376 millones de dólares en ventas en el sitio de Amazon por diferentes estructuras de costes al vender en línea.

Amazon presentaba los juguetes de Toys «R» Us en un apartado especial de Amazon (en una pestaña de productos Toys «R» Us), y los de otros vendedores se ponían en la sección general de juguetes, por lo que muchos clientes de Amazon iban directamente a esta sección, y no a la especial de Toys «R» Us. Pero durante 2003, Toys «R» Us comprobó cómo un número cada vez mayor de artículos que tenía derecho a vender exclusivamente según el acuerdo firmado los estaban ofreciendo otros vendedores en otras partes del sitio de Amazon. La compañía de juguetes dijo que había encontrado cuatro mil artículos que, según afirmaba, violaban sus derechos de exclusividad. La cadena de juguetes y productos para bebés sostenía que su contrato contenía excepciones muy limitadas a las disposiciones de exclusividad. No se le otorgó exclusividad para videojuegos ni para libros, música y vídeos para niños. Amazon también tenía derecho a que otros vendedores ofrecieran juguetes usados y coleccionables. Y si Toys «R» Us se negaba a vender un artículo en particular, Amazon podría venderlo, pero no podría hacer que otro lo vendiera, según Toys «R» Us. La disputa giraba en torno al nivel de exclusividad otorgado a la compañía de juguetes en la plataforma de Amazon. Ejecutivos de ambas empresas se reunieron con un mediador en Oakland, California, para tratar de resolver el asunto. Cuando la mediación terminó sin acuerdo, Toys «R» Us presentó inmediatamente su demanda, en la que también objetaba el uso de Amazon de listados de búsqueda pagados de Google en muchas de sus páginas. Muchos de esos listados incluían enlaces a sitios que competían con Toys «R» Us.

El *retailer* de juguetes se quejaba de que estaban pagando grandes cantidades de dinero para ser el inquilino ancla en el centro comercial, y Amazon estaba desviando a la gente fuera del centro comercial para comprar en otro lugar.

Amazon contaba con muy pocos otros acuerdos exclusivos con vendedores. Tenía un trato similar con drugstore.com, pero en 2003 ese contrato se renegoció para permitir que Amazon y otros comerciantes ofrecieran productos relacionados con la salud y la belleza en el sitio de Amazon.

Ver artículo de *The New York Times* sobre la demanda a amazon.com por su acuerdo de venta exclusiva en 2004.

9
LOS GRANDES FRACASOS DE JEFF

El protagonista de este libro declaró a *The Guardian* en 2014 que habían ganado miles de millones de dólares con los fracasos en amazon.com.

Bezos sabe que es un genio y que el fracaso al final es simplemente una prueba de la que uno se nutre de información. La vida misma es un relato de triunfos y fracasos. Fracasar ayuda a avanzar.

Ya en su primera carta a los accionistas, la de 1997, Bezos decía: «Seguiremos aprendiendo de nuestros éxitos y de nuestros fracasos». Dieciséis años después afirmaba: «El fracaso es parte integral de la invención. No es opcional. Nosotros... creemos en fallar pronto y volverlo a intentar hasta que lo hagamos bien». En la carta de 2013, añadía: «Amazon es el mejor lugar del mundo para fallar», y en la de 2016, incidía en ello: «Ninguna empresa en la historia del *retail* acumula tantos fracasos como Amazon. Quizás por eso es tan grande y resulta tan buena en lo suyo».

Bezos había hecho del fracaso la forma más inteligente de aprender y avanzar. Según él, ese tipo de fallos son realmente fundamentales para el éxito de Amazon. Bezos siempre pone como ejemplo el fracaso del teléfono Fire de Amazon: cuenta que aprendieron tanto de ello, que esta experiencia ayudó en el desarrollo de los altavoces inteligentes Echo y el asistente digital Alexa. La filosofía de Bezos es: «Mejor haber fallado que nunca haberlo intentado». Él cree que este tipo de riesgos a gran escala forma parte del servicio que Amazon debe brindar a sus clientes y a la sociedad; sabe que una sola gran apuesta ganadora puede cubrir con creces el coste de muchos fracasos.

Amazon es uno de los *retailers* más grandes de todos los tiempos, si bien realmente no es un *retailer* y nunca lo fue. Amazon es algo que vende de todo. Por ahora su mayor negocio es el *retail,* pero Amazon nació para vender todo lo que se pudiera vender, tanto productos como servicios.

Amazon incursiona en un montón de industrias diferentes, pero no todas sus compañías han demostrado ser exitosas. Además, forma parte de su estrategia y filosofía: entrar, ver y, si las cosas no van bien, salir rápido. Y de todos estos fracasos guarda algo muy importante: la información de por qué fracasó. Y eso hace a la empresa mucho más fuerte. Mientras que la mayoría de las organizaciones tienen miedo al fracaso, Amazon ha hecho de él una de sus mejores estrategias. Los fracasos son asumidos en Amazon como parte necesaria para conseguir avanzar. Cuando se toman riesgos, hay que asumir que habrá fracasos.

Bezos dijo en 2013 a *Harvard Business Review* que sabía con certeza que la orientación al largo plazo es esencial para la invención porque hay muchos fracasos en el camino. Según sus palabras: «Inventar y ser pionero requiere la voluntad de ser malinterpretado durante mucho tiempo. Creo que algunas de las cosas que hemos emprendido no se podrían hacer en dos o tres años, como Kindle, Amazon Web Services y Amazon Prime».

Amazon BuyVIP

Amazon compró este portal de ventas de *stocks* de moda, complementos y decoración de origen español que operaba en España, Alemania e Italia por 70 millones de euros en 2010. Nunca llegó a ser rentable. Cerró el 31 de mayo de 2017. Conozco a su CEO,

Gustavo García, ya que juntos dimos una conferencia en el aniversario de la que es posiblemente la mejor agencia de marketing de *retail* de proximidad en Iberoamérica, Glocally, dirigida por mi buen amigo y fantástico profesional Fran Ares.

Fueron muy interesantes las negociaciones de García con Bezos y su equipo directivo, pero el problema residió en que Amazon nunca llegó a gestionar correctamente una empresa con un potencial enorme.

Amazon Local

Esta plataforma de ofertas de Amazon se lanzó en 2011 como forma de competir contra Groupon y LivingSocial, pero en octubre de 2015 Amazon anunció su próximo cierre, que se hizo efectivo el 18 de diciembre de 2015. Esto no fue una sorpresa para nadie debido a la desaceleración que se estaba produciendo en el mercado de ofertas diarias.

Si bien Amazon ya no ejecutaría más directamente una plataforma de ofertas diarias, siguió ofreciendo «ofertas» de algún tipo a través de amazon.com, es decir, su oferta del día, las ofertas de caja de oro y las ofertas diarias de Kindle no se verían afectadas por el cierre de Amazon Local.

Amazon Destinations

Amazon cerró su agencia de viajes a los seis meses de lanzarla al mercado, el 13 de octubre de 2015. Su lema era: «Sal a la carretera: reserva escapadas locales», centrándose en escapadas de fin de semana e incorporando las opiniones de los usuarios para cada hotel.

Fue uno de los grandes fracasos de la empresa de Bezos.

Amazon Webpay

Era un servicio para enviar y recibir pagos en línea entre particulares (P2P) con un funcionamiento similar al de PayPal, Dwolla o Google

Wallet, pero nunca llegó a tener éxito. En poco más de un año de vida Amazon decidió cerrar esta línea de negocio, en octubre de 2014.

Fire Phone

Este fue el fracaso más duro de asimilar por parte de Bezos. Fire Phone fue su teléfono inteligente particular, el que le llevaría a destronar a Apple, pero terminó con un apoteósico fracaso de ventas y 170 millones de dólares en dispositivos no comercializados.

Bezos lanzó este dispositivo para competir con los de alta gama, como el iPhone de Apple y el Samsung Galaxy. El día que cerró el proyecto tenía 83 millones de dólares en teléfonos Fire sin vender todavía en su inventario. Las razones de este sonado fracaso fueron varias, como un precio demasiado alto, 199 dólares con un contrato con una duración mínima de dos años, más o menos el mismo precio que el iPhone y el Samsung Galaxy, y evidentemente los consumidores de estas marcas de prestigio no iban a cambiar a un recién llegado y pagar el mismo precio que por un producto consolidado y con gran prestigio. Viendo que las ventas eran un desastre en apenas un par de meses después de su lanzamiento, bajaron el precio a un sorprendente 99 centavos. ¡De 199 dólares a 99 centavos!

Muchos criticaron a Bezos, ya que quedaba muy mal con los usuarios que habían comprado el Fire Phone, y era posible que los primeros que compraron el teléfono fueran los mayores fans de Amazon, pero a Bezos y a sus directivos les dio igual, y siguieron con su plan de rebaja para este producto.

El precio de 99 céntimos se daba con un contrato de dos años con la multinacional estadounidense American Telephone & Telegraph (AT&T). Además, los clientes obtenían un año completo de acceso a todo el contenido de Amazon Prime, 32 GB de memoria y almacenamiento en la nube ilimitado y gratuito para fotos, además de las funciones exclusivas de Dynamic Perspective y Firefly. El chollo del siglo. La caída de precios se produjo justo un día antes del evento misterioso de Apple, pero ni siquiera así consiguieron ser atractivos. Fire Phone llegó muy tarde al mercado y ya fue muy poco atractivo para los consumidores. Es posiblemente el mayor lapsus estratégico de un visionario como Bezos.

PayPhrase

Lanzado al mercado en 2009, era un sistema de pago en sus webs y en otras asociadas, como patagonia.com o buy.com. A través de él se evitaba dar los datos de las tarjetas de crédito personales, ya que simplemente hacía falta proporcionar una contraseña o frase. Se podía crear PayPhrase para, por ejemplo, facilitársela a los hijos, con límite de gasto, o a quien se quisiera.

El servicio nunca logró tener éxito y cerró en 2012.

Amazon Underground

Era un servicio de aplicaciones gratuitas para Android, la alternativa a Google Play. Además de permitir la descarga de miles de aplicaciones de todo tipo, ofrecía ofertas y aplicaciones gratuitas durante tiempo limitado. Duró poco más de un año. Un fracaso.

Amazon Drive

Amazon lo sacó al mercado en 2015. Este servicio de almacenamiento en la nube (su alternativa, entre otros, a Dropbox o a Google Drive) permitía a sus clientes subir a sus servidores toda la información que necesitasen guardar.

En junio de 2017 Amazon anunció que cerraba este servicio. Nunca llegó a estar a la altura técnica de sus rivales.

Amazon Myhabit

Amazon lo lanzó al mercado en 2011. Era un sitio de ventas privadas de moda, lujo y belleza como modelo alternativo de venta *flash* de la francesa Vente-Privée.

En abril de 2016 anunció que había decidido simplificar su oferta de moda y que cerraría MyHabit en mayo de ese mismo año.

Amazon Wallet

Este servicio apenas duró 6 meses en el mercado. Era una aplicación similar a Passbook pero integrada en el ecosistema de Amazon; es decir, permitía a los clientes de Amazon almacenar tarjetas de regalo y de fidelidad en su teléfono para usarlas en amazon.com. No almacenaba crédito o tarjetas de débito.

A principios de 2015 este servicio cerró. Nunca alcanzó el éxito entre los clientes de Amazon.

Amazon & Sotheby's

También ha habido sonados «fracasos» mediáticos. En 1999 Amazon y Sotheby's llegaron a un acuerdo para vender antigüedades, objetos de colección y obras de arte en línea. Sotheby's y Amazon crearían dos sitios web de subastas, uno al que se accedería a través de la casa de subastas de obras de arte y objetos coleccionables y otro al que se accedería mediante Amazon. Fue una de las primeras veces que la *CNBC* entrevistó a Bezos el 16 de julio de 1999, en esta ocasión junto a Diana Brooks, CEO de Sotheby's.

Amazon anunció en julio de 2001 que esperaba renegociar algunos de sus acuerdos de marketing con socios como Sothebys.com, lo que generaría ingresos inferiores a los esperados de esos acuerdos. La realidad es que el sitio de subastas de Amazon y Sotheby's estuvo plagado de problemas iniciales con el servicio al cliente y los pedidos de envío y en enero de 2022 Sotheby's y Amazon.com anunciaron una separación amistosa y cerraron el sitio de subastas operado conjuntamente.

Amazon China

En términos de mercado China ha sido el gran fracaso de Bezos. En abril de 2019 anunció que estaba cerrando su negocio de comercio electrónico en este país. Llevaba en China más de una década.

Amazon había entrado en China en 2004 con la adquisición de joyo.com, un popular vendedor de libros en línea, por alrededor de

75 millones de dólares. «Estamos encantados de formar parte de uno de los mercados más dinámicos del mundo», afirmó entonces Bezos.

Sin embargo, los chinos prefirieron a los «amazones locales», como Alibaba o jd.com. Después de más de 15 años de intentarlo, Amazon nunca superó el 1 % del mercado de comercio electrónico en el país con más número de consumidores del mundo. Todo fue un desastre en China. Bezos y sus directivos no supieron adaptar Amazon al consumidor chino; quisieron que los chinos se adaptaran a Amazon. Por ejemplo, el diseño del sitio web de Amazon era demasiado occidental.

Y también fue un desastre logístico, en gran parte porque se negó a igualar las ofertas de los competidores locales, que básicamente consistían en el envío gratuito y la entrega nocturna. A Amazon China no le salían las cuentas sin requerir un tamaño mínimo de pedido.

10

JEFF, EL ECOLOGISTA

En 2011 Amazon ya era un gran *retailer*. Facturaba 48 000 millones de dólares, pero estaba muy lejos de lo que es hoy. En abril de 2011, justo antes del Día de la Tierra, presentó información interesante sobre los hábitos de compra ecológicos de sus clientes, que mostraban cómo EE. UU. se estaba volviendo ecológico.

Los investigadores de Amazon analizaron las compras en 2010 de varios segmentos de productos ecológicos en coordenadas geográficas y etiquetando cada zona como «caliente» o «fría» en función de su desviación del promedio nacional. Los resultados daban una idea amplia de la creciente tendencia de las compras ecológicas en el país. Amazon analizó el consumo de productos como barriles o tanques de agua de lluvia o libros sobre la conservación de agua. Nuevo México y Arizona fueron los estados donde se adquiría mayor número de productos de este tipo; también Santa Cruz apuntaba una verdadera revolución ecológica puesto que lideraba las compras de inodoros ecológicos de la nación. Los residentes de Vermont, Montana y Washington D. C. encabezaban la lista de los ambientalistas más leídos.

Amazon quería mostrarle al mundo que era una empresa de «consumidores cada vez más verdes», lo que era como decir «yo soy el pastor», pero se negaba rotundamente a publicar su huella contaminante. Por ejemplo, durante 2010 y 2011 Joe Hutsko, de *The New York Times,* trató de que Amazon le respondiera acerca de los materiales de su producto más popular, el dispositivo Kindle, pero no recibió respuesta. Y no solo era el caso del Kindle; Amazon, a diferencia del 70 % de las empresas del S & P 500, no ha contestado durante años al cuestionario del Carbon Disclosure Project (CDP), una organización sin fines de lucro de alto perfil respaldada por grandes inversores institucionales, que pide a las empresas que revelen sus emisiones de gases de efecto invernadero y los riesgos relacionados con el clima. Evidentemente sus datos no eran lo suficientemente «vistosos».

Por entonces muchos analistas tenían la duda sobre la razón de que Amazon fuera tan reacia a revelar cualquier información cuando se trataba de sus propios impactos ambientales. ¿Era porque no quería revelar estos datos o simplemente nunca se molestó en recopilarlos y calcularlos? Seguramente fuera lo segundo. Simplemente, el coste medioambiental de su negocio era un daño colateral en el que no había que perder mucho tiempo. Al final, vender siempre contamina, ¿no? Pues hay que gastar el tiempo en cosas más importantes.

En 2010 *The New York Times* informó de que durante casi dos años Amazon había intentado que los fabricantes diseñaran «envases» que permitieran eliminar las cajas de plástico y el envoltorio de burbujas de aire. Pero la razón no era tanto pensando en el medioambiente como por una cuestión de eficiencia operativa. Además, muchos clientes no estaban contentos con la cantidad de plástico que se usaba en los envíos de sus productos. Algunos estaban experimentando lo que Bezos llamó *wrap rage* («rabia por el envoltorio»), y es que estos paquetes se habían convertido, según el artículo del *The New York Times,* en una de las mayores fuentes de quejas de los clientes de Amazon.

En 2011 Bezos se encontró con algo que no estaba en el guion: en la reunión anual de accionistas, un grupo con una conciencia más ecológica pidió votar una resolución en la que se le solicitaba a la compañía que preparara un informe que evaluara el impacto del cambio climático de Amazon y lo hiciera público. Fue Calvert

Investments, una de las firmas de inversión sostenible y responsable más grandes de EE. UU., la que presentó esa propuesta que solicitaba a Amazon que revelara datos cuantitativos relacionados con sus centros de datos, el Kindle y los riesgos comerciales asociados al cambio climático. También exigió a Amazon que participara en el cuestionario anual CDP, uniéndose así a 4700 empresas que ya lo hacían. Amazon instó a sus accionistas a votar no a la propuesta y, en su reunión anual de accionistas del 7 de junio de 2011, anunció que no daría esos datos. Calvert Investment protestó y recordó que el 70 % de las empresas del S & P 500 y más del 80 % de las del Global 500 divulgaban este tipo de información a través del CDP, incluidas eBay Inc., Apple Inc. y Target Corp.

 Ver propuesta de Calvert Investments.

En 2016 Amazon ya era un gigante —facturaba unos 136 000 millones de dólares— y Bezos, una de las personas más ricas del mundo, con una fortuna personal cercana a 60 000 millones de dólares. Amazon resultaba ya ese año la empresa más grande por valor de mercado que se negaba a revelar datos sobre sus emisiones de carbono a CDP. Todas las grandes compañías y los grandes rivales de Amazon contestaron: Walmart, Costco Wholesale, Microsoft, Alphabet (Google), etc., menos Facebook y Berkshire Hathaway. En total lo hicieron casi cuatrocientas empresas. Fue entonces cuando CDP puso una F a Amazon por no responder a los cuestionarios desde 2010. Había otras empresas del S & P 500 que tampoco contestaron, pero eran mucho más pequeñas en valor de mercado que Amazon.

En 2015 Greenpeace también otorgó a Amazon una F por su falta de transparencia al no proporcionar suficientes detalles sobre las medidas de ahorro de energía en su negocio de computación en la nube.

En 2016 de nuevo un grupo de accionistas propuso la obligación para la empresa de emitir un documento anual, pero solo obtuvo el 25 % de los votos. O, visto de otro modo, el 75 % de los accionistas dijeron que nada de publicar un informe así, como hacía la mayoría de las grandes compañías.

La junta de Amazon, presidida por Bezos, dijo que, dado que ya estaba comprometida con el desarrollo de prácticas sostenibles, trabajar en un informe anual «no sería un uso eficaz y prudente» del tiempo y de los recursos.

Amazon tardó dos décadas en hacer públicos sus datos contaminantes.

En 2021 se hizo público que Amazon contaminaba más que países como Portugal, Dinamarca, Irlanda, Serbia, Noruega, Bielorrusia, Nueva Zelanda, Marruecos o Corea del Norte. Por ejemplo, Portugal reportó 51.4 millones de toneladas métricas de dióxido de carbono en 2019 y Amazon, 60.64 en 2020. Es el precio del enfoque extremo terriblemente interpretado que todos aplauden llamado *customer centric*. Esas 60.64 toneladas métricas son la letra pequeña e invisible de la conveniencia de los clientes de amazon. com, la intrahistoria que no se cuenta de la barra libre de envíos y devoluciones gratuitas; es un destornillador, un cable, un jersey o cualquier otra cosa que se pide para que llegue en 24 h un domingo por la mañana en esa furgoneta envuelto en esa caja y esos plásticos. La realidad es que el cliente posiblemente no tenga tanta prisa para tenerlo, pero como cliente que es, es el centro de todo y recibe su pedido a tiempo. Porque, ¿para qué va a agrupar sus pedidos si estamos en la era sagrada del *customer centric,* donde su conveniencia es la religión única a pesar de que vive en una comunidad y sus decisiones de compra deben ser responsables con ella? Muy pronto veremos las terribles consecuencias de este enfoque individualista en un mundo comunitario y pasaremos a lo que bauticé como *@community center*.

En 2018 Amazon liberó al aire 44.40 toneladas métricas de dióxido de carbono. En 2021 declaró que en 2020 fueron 60.64, a pesar de que en ese año las emisiones cayeron enormemente en el mundo debido a las restricciones de movilidad. Es decir, en apenas 24 meses Amazon aumentó su contaminación global en casi un 40 %. En 2019 Bezos se comprometió a que Amazon emitiera cero emisiones netas de carbón en 2040.

Las emisiones de Amazon reportadas los dos últimos años en EE. UU., donde se generan casi el 70 % de sus ventas, superan por mucho, por ejemplo, las reportadas por Target, con 1987 tiendas, o incluso las de gigantes logísticos como FedEx o UPS.

Antes de la COVID-19 un tercio de los desechos sólidos en EE. UU. provenía del embalaje de comercio electrónico. Durante la pandemia eso se disparó, y algunos estados denunciaron que sus «vertederos» se estaban colapsando. En la ciudad de Nueva York se llegaron a entregar más de dos millones de paquetes al día a domicilios particulares, oficinas, etc., pero esta cifra creció a 2.4 millones al día en muchos momentos de 2021, la mayoría enviados por Amazon.

Hay datos escandalosos como que los camiones de reparto operados por UPS y FedEx se estacionan en doble fila en las calles y bloquean los carriles de autobuses y bicicletas. El año pasado acumularon más de 471 000 infracciones de estacionamiento, un aumento del 34 % desde 2013. Un artículo de *The New York Times* de octubre de 2019 titulado «1.5 millones de paquetes al día: Internet lleva el caos a las calles de Nueva York» y subtitulado: «El impulso por la conveniencia está teniendo un fuerte impacto en los atascos, la seguridad vial y la contaminación en la ciudad de Nueva York y las áreas urbanas de todo el mundo» señala cómo la entrada principal desde los almacenes logísticos de los paquetes del comercio electrónico hasta la ciudad de Nueva York, que conducía al puente George Washington desde Nueva Jersey, se había convertido en el intercambio más congestionado del país. Los camiones que se dirigían hacia el puente viajaban a 23 millas/h, en comparación con las 30 millas/h de 2014.

Se precisa un comercio electrónico más ético y menos rápido, por ejemplo con concentraciones de entregas de productos a un domicilio semanales. Hay muchas oficinas en la ciudad de Nueva York que reciben miles de paquetes al día, y la mitad provienen de Amazon: muchos de los empleados son Amazon *Prime* y todas las entregas, gratuitas, así que, ¿qué problema hay en pedir cada día lo que se antoje? Hay gente que solicita un paquete con un par de bolígrafos... De hecho, el tráfico de Nueva York, la ciudad del mundo con mayor penetración de pedidos en línea por habitante, es un caos. Y esto también sucede en las otras grandes «ciudades en línea», como Los Ángeles y Seúl, como es lógico, porque las ergonomías de las ciudades se crearon en un mundo sin comercio electrónico y no están preparadas para esta explosión de las entregas urgentes de este tipo de comercio. Y hasta que no lleguen, por ejemplo, los drones, seguiremos viviendo en el caos. Es absolutamente necesario un consumo mucho más ético y, por tanto, un nuevo consumidor mucho más concienciado y respetuoso con el medioambiente. Las entregas y las devoluciones gratuitas en línea son algo absolutamente insensato y deberían estar altamente controladas y, a poder ser, no permitidas. Hace pocos años estábamos preparados para esperar, pero ahora queremos la entrega el mismo día. Los grandes actores en línea nos han enseñado que eso es posible y conveniente, y muchos de los *retailers* históricos les han emulado, lo que lleva a que las cosas se muevan en cantidades cada vez más pequeñas. Resultado: ejércitos de vehículos pululando por las ciudades sin cesar haciendo entregas individuales. Y el consumidor está contento, feliz; es la era de la conveniencia, del cliente en el centro. Es genial... salvo por que esas entregas y devoluciones hiperrápidas no son gratuitas; suponen un enorme coste medioambiental y social.

Y quizás ha llegado la era de que el consumidor deje de estar en el centro de todo a cualquier precio; también debe asumir su responsabilidad, aunque a veces vaya contra su conveniencia. Deberíamos impedir esto y educar a los consumidores para que sean conscientes del coste de su hiperconveniencia. Es más: tendríamos que acabar con la era de la conveniencia total de los consumidores. Esto tan elogiado es, sin duda, una de las peores cosas que le ha pasado el *retail*.

Siempre he dicho que el comercio electrónico es una de las mejores cosas que le ha pasado al *retail* y que, además, nos ha traído muchas mejores tiendas: los *pure players* despertaron de su letargo de varias décadas a los *retailers* históricos y les hicieron ser mejores. Además, el comercio electrónico es fundamental para el *retail* híbrido, el futuro del comercio minorista. Pero el comercio electrónico debe ser más ético y menos rápido. Hoy las afueras de nuestras ciudades son una geografía de almacenes, muchos dedicados a la hiperconveniencia para que recibamos las cosas en nuestra casa. Cada vez se construyen los almacenes más cerca de los vecindarios para cumplir la creciente expectativa de entregas rápidas, y eso significa que la contaminación del aire del comercio electrónico se está acercando aún más a los hogares de las personas. Los *retailers* ya están empezando a hablar de logísticas más respetuosas con el medioambiente, pero no a la velocidad que están creciendo las ventas en línea.

Hay quien habla de la *contaminación de la conveniencia*. Quizás no lo sepas, pero la cadena de suministro de comercio electrónico requiere mucho más espacio de almacén y logística que una cadena de suministro tradicional de ladrillo y mortero. CBRE Research descubrió que por cada aumento incremental de mil millones de dólares en las ventas de comercio electrónico se necesitan 1.25 millones de pies cuadrados adicionales de espacio de distribución para apoyar este crecimiento.

El movimiento rápido de bienes a los consumidores requiere el diseño de nuevos almacenes más grandes en tamaño y altura. El nuevo almacén promedio en EE. UU. aumentó en 108 665 pies cuadrados (un 143 %) en tamaño y 3.7 pies en altura al comparar períodos de alta actividad de desarrollo en 2012-2017 y 2002-2007.

Según *The Wall Street Journal* citando a Fastmarkets, en 2018 aproximadamente la mitad de todos los envíos nacionales de cajas de cartón corrugado para el sector minorista, que consumen 40 000 millones de pies cuadrados de material, se utilizaron para el comercio electrónico y las entregas de pedidos por correo. En el pasado algunas de estas cajas se habrían desviado a las tiendas tradicionales de ladrillo y mortero, pero Fastmarkets atribuyó al menos el 80 % del incremento de la demanda al comercio electrónico y a los pedidos por correo. En parte esto se debe a que los puntos de venta en línea y de pedidos por correo usan aproximadamente siete veces más cajas por dólar gastado que las tiendas físicas.

Según un artículo del 15 de junio de 2021 de *The New York Times,* el condado de San Bernardino, California, es uno de los lugares con más pies cuadrados de almacenaje dedicados al comercio electrónico. Tiene la peor contaminación por ozono del país. Con una población superior a dos millones de personas de clase media-baja y un gran índice de población latina, ha acumulado casi 300 000 pies cuadrados de espacio de almacén, suficiente para llenar más de 5100 campos de fútbol.

Por no hablar de lo que supone que una de cada tres cosas que se compran por Internet en muchos sectores se devuelve; en algunos productos, hasta el 50 %, lo que es insostenible desde el punto de vista económico (rentabilidad). Llevamos mucho tiempo oyendo que esto lo solucionará la tecnología, pero cada año se devuelven (porcentualmente) muchas más compras (sobre todo en moda). En diciembre de 2019 todos los días se devolvieron un millón de paquetes solo a través de UPS. Decenas de millones de paquetes lo hicieron en unas semanas solo en EE. UU. en las navidades del 2021. Seguramente se devolvieron en todo el mundo más de cien millones de paquetes. Como indica un excelente artículo de *The New York Times*, cada paquete devuelto, independientemente de qué transportista lo recoja, deja un rastro de emisiones de los diversos trenes, aviones y camiones gigantes que lo llevan de vuelta al vendedor. Esa contaminación contribuye al cambio climático y empeora la calidad del aire. Muchos de los artículos desechados se dirigen a un vertedero. El problema ambiental solo empeora a medida que crece el comercio electrónico y los retornos gratuitos se convierten en la norma esperada para comprar en línea.

Ver artículo de *The New York Times* sobre
el aumento de compras *online* de amazon.com
y el volumen de reparto de paquetes diario.

Según la investigación de Optoro, empresa de tecnología de logística inversa que trabaja con minoristas y fabricantes para administrar y luego revender su mercancía devuelta y excedente, llevarla adondequiera que vaya la compra no deseada significa que más camiones bombean más emisiones de carbono que calientan el planeta y generan otros contaminantes dañinos. El transporte alrededor del inventario devuelto en EE. UU. crea más de 15 millones de toneladas métricas de emisiones de dióxido de carbono anualmente. Eso es más de lo que podrían producir tres millones de automóviles en un año.

Y luego está la basura. Cinco mil millones de libras de productos devueltos terminan en vertederos de EE. UU. cada año. Incluso si el artículo estaba en buenas condiciones cuando el comprador lo puso en el buzón para la devolución, enviarlo de vuelta puede dañarlo. A veces los minoristas se dan cuenta de que tirar un artículo devuelto es más rentable que pagar para que se limpie, repare y devuelva a los estantes.

Y también está el escándalo intolerable de junio de 2021: se descubrió que en el almacén de Amazon en Escocia se destruían millones de productos no vendidos cada año. Esta noticia salió a la luz gracias al medio de comunicación británico ITV, que obtuvo imágenes del interior de las instalaciones de Dunfermline donde se veía cómo ordenadores portátiles, libros, joyas y otros productos empaquetados se clasificaban en cajas marcadas como «destruir». «De viernes a viernes, nuestro objetivo era destruir en general 130 000 artículos a la semana», dijo un exempleado de la compañía a ITV. De ser verdad sus afirmaciones, serían casi 6.8 millones de productos al año, cuya destrucción sin duda generaría una enorme cantidad de huella contaminante. En el documento filtrado obtenido por ITV alega que durante una semana de abril se marcaron como «destruir» más de 124 000 artículos, mientras que solo 28 000 se etiquetaron como «donar». Amazon alegó que no se enviaban productos al vertedero, que «estaban» trabajando para «lograr el objetivo» de eliminación cero de productos y que su prioridad era revender, donar a organizaciones benéficas o reciclar cualquier producto no vendido. Pero era poco creíble. Además, no era la primera vez que los medios de comunicación acusaban a Amazon de destruir productos. En 2019 reporteros encubiertos en Francia descubrieron que Amazon destruyó más de tres millones de productos en un año.

11

BEZOS, CANDIDATO A HOMBRE MÁS RICO DE LA HISTORIA DE LA HUMANIDAD

Jeffrey Preston Jorgensen es la segunda persona más rica del mundo después de que Elon Musk le destronara en 2022. Pero todos sabemos que Elon no tiene nada que hacer con Jeffrey.

Jeffrey Preston Jorgensen es Jeff Bezos.

Bezos para muchos es el genio más grande que ha habido en los negocios desde Rockefeller; para otros, el empresario malvado que maltrata a sus empleados; un tipo con un talento desbordante y un ejemplo que hay que emular o el tipo que amasa una fortuna indecente en un mundo donde casi la mitad de la humanidad no está conectada a Internet. La realidad es que Bezos es un genio casi sin precedentes. Y un tipo complicado. Todos los que lo conocen hablan de su inteligencia, su visión y su estruendosa risa.

Bezos fue una especie de friki, más listo y ambicioso que los demás, que durante dos décadas vio lo que los ojos de los demás no alcanzaban a ver.

Cerró 2019 con una fortuna de 115 000 millones de dólares. El 28 de abril de 2021 el patrimonio de Bezos había superado por primera vez los 200 000 millones, llegando a los 201 000 millones de dólares. No era la primera persona en la historia de la humanidad en tener un patrimonio mayor de 200 000 millones. Bezos había sido vencido por Bezos: lo había conseguido antes en agosto de 2020.

Luego llegó el caos de la pandemia de la COVID-19 y su fortuna personal alcanzó los 210 000 millones de dólares, es decir, aumentó 95 000 millones de dólares en solo 725 días. En otras palabras: mientras el mundo se paralizaba bajo una pandemia horrible, la fortuna de Bezos crecía a razón de 130 millones de dólares al día. En un mundo confinado, Bezos llevó muchas más cosas a los hogares. Era la economía del confinamiento y el temor a las calles.

Pero no es el hombre más rico de la historia de la humanidad. Se cree que lo fue Mansa Musa, el gobernante de África Occidental del siglo XIV, quien era tan rico que no se puede cifrar cuánto. En 2012 Celebrity Net Worth, el sitio web que informa sobre estimaciones de los activos totales y de las actividades financieras de las celebridades, estimó su riqueza en 400 000 millones, pero los historiadores creen que es imposible precisarla. Musa, siendo incalculablemente millonario, peregrinó a La Meca en 1324, para lo que recorrió alrededor de 6500 km. Algunos historiadores indican que hizo este viaje con sesenta mil acompañantes, de los que doce mil eran sirvientes personales suyos. En la comitiva iban ochenta camellos que cargaban 136 kg de oro. En su camino, al pasar por El Cairo, hizo tantas donaciones a los pobres, que causó una inflación masiva. También adquirió el territorio de Gao dentro del reino Songhai, con lo que extendió su territorio hasta el límite sur del desierto del Sáhara a lo largo del río Níger. Su imperio se extendía por parte de los actuales países de Gambia, Senegal, Guinea Bissau, Guinea Conakry, Níger, Nigeria, Chad, Mauritania y Malí. La noticia de la riqueza e influencia de Musa se extendió después de su viaje a La Meca. Los relatos acerca de su mítico viaje, su infinito convoy y su pantagruélica generosidad pasaron de boca en boca durante décadas.

Se estima que el emperador romano César Augusto (63 a. C. 14 d. C.), el emperador chino Shenzong de Song Zhao Xu (1048-1085), el emperador de la dinastía mogol de la India Akbar I (1542-1605), el industrial escocés-estadounidense Andrew Carnegie (1835-1919), el magnate empresarial estadounidense John D. Rockefeller (1839-1937), el zar de Rusia Nikolái Aleksándrovich Románov (1868-1918), el rey indio Osman Ali Khan (1886-1967), William The Conqueror (1028-1087) y el gobernante de Libia durante mucho tiempo Muammar Gadafi (1942-2011) pudieron haber acaparado fortunas superiores al equivalente de los 200 000 millones de dólares que ha llegado a tener Bezos y también pueden estar en dimensiones parecidas a la fortuna de Musk, pero todos intuimos que a mediados de esta década Bezos les habrá superado: será el hombre más rico y poderoso de la historia de la humanidad.

¿Y cómo puede llegar a esto un niño nacido en una ciudad fundada en 1706 por colonos españoles y rodeada de desiertos, Alburquerque, Nuevo México; un niño cuyo padre les abandonó a su madre adolescente y a él? Ese niño, que en esta década se convertirá en el hombre más rico y poderoso de la historia de la humanidad, años después, el 29 de julio de 2020, sería citado por un subcomité antimonopolio de la Cámara de Representantes de EE. UU. en Capitol Hill.

Desde su despacho, en un testimonio virtual, comenzó a hablar. Se presentó, dijo su nombre y comentó que fundó Amazon hacía 26 años con la misión a largo plazo de convertirla en la empresa más centrada en el cliente de la Tierra. Contó que su madre, Jackie, le tuvo cuando era una estudiante de secundaria de 17 años en Albuquerque, Nuevo México. Estar embarazada en la escuela secundaria no era popular en Albuquerque en 1964, por lo que fue difícil para ella. Cuando intentaron echarla de allí, su abuelo luchó por ella y después de algunas negociaciones el director aceptó que se quedase y terminase la escuela secundaria, pero sin poder realizar actividades extracurriculares ni tener un casillero. El abuelo aceptó el trato y su madre terminó la escuela secundaria, aunque no le permitieron cruzar el escenario con sus compañeros para obtener su diploma. Bezos contó cómo su madre, decidida a mantenerse al día con su educación, se inscribió en la escuela nocturna, eligiendo clases dirigidas por profesores que le permitían llevar a un bebé a clase. Aparecía cada día con dos bolsas de lona: una llena de libros de texto y otra con pañales y biberones. Imagina quién era ese bebé. Pero eso que contaba Bezos al subcomité ya lo había hecho público su madre en un discurso en el Cambridge College donde se le dio la bienvenida como oradora principal y ganadora del título honorífico por sus 48 ejercicios de graduación el domingo 9 de junio de 2019. Jackie relató todo esto que ahora repetía su hijo ante la mirada de los representantes del pueblo. La madre de Bezos había confesado emocionada que su sueño por graduarse en la universidad le acompañó durante años; fue implacable, devoró libros y, cuando se graduó a los cuarenta años, nunca había estado más orgullosa de sí misma.

Bezos dijo al subcomité antimonopolio que el nombre de su padre era Miguel y que lo había adoptado cuando tenía cuatro años. Miguel Bezos tenía 16 años cuando llegó a EE. UU. desde Cuba como parte de la Operación Peter Pan, poco después de que Castro asumiera el mando. Llegó a EE. UU. solo. Bezos relató cómo la madre de Miguel imaginó que en EE. UU. haría frío, así que le hizo una chaqueta cosida enteramente con paños de limpieza, el único material que tenían a mano, y que todavía tienen esa chaqueta en el comedor de sus padres. Miguel pasó dos semanas en Camp Matecumbe, un centro de refugiados en Florida, antes de ser trasladado a una misión católica en Wilmington, Delaware. Pero no hablaba inglés y fue difícil. Más tarde recibió una beca para la universidad en Albuquerque, donde conoció a su madre. Bezos confesó en aquella audiencia que uno de sus grandes dones era «mi mamá y mi papá», quienes habían sido increíbles modelos para él y para sus hermanos durante toda su vida. Contó que pasó los veranos de los cuatro a los 16 años en el rancho de sus abuelos en Texas y que su abuelo era funcionario y ganadero (trabajó en tecnología espacial y sistemas de defensa antimisiles en las décadas de 1950 y 1960 para la Comisión de Energía Atómica). También relató cómo se convirtió en un «un inventor de garaje» cuando era adolescente, diseñando un cierrapuertas automático con neumáticos rellenos de cemento, una cocina solar con un paraguas y papel de aluminio y alarmas hechas con moldes para hornear para atrapar a sus hermanos.

Bezos relató ese día cómo se le ocurrió el concepto de Amazon en 1994. La idea de construir una librería en línea con millones de títulos, algo que simplemente no podría existir en el mundo físico, fue emocionante para él. En ese momento trabajaba en una empresa de inversiones en la ciudad de Nueva York. Cuando le dijo a su jefe que se iba, este le llevó a dar un largo paseo por Central Park. Después de escuchar mucho, finalmente dijo: «¿Sabes qué, Jeff? Creo que esta es una buena idea, pero sería una mejor idea para alguien que aún no tiene un buen trabajo». Le convenció de que lo pensara durante dos días antes de tomar una decisión final. Y la tomó con el corazón y no con la cabeza. Pensó que no quería llegar a los ochenta años y preguntarse por qué no se arriesgó y que la mayoría de nuestros arrepentimientos son actos de omisión: las cosas que no probamos, los caminos sin recorrer. «Esas son las cosas que nos persiguen». Y entonces decidió que, «si al menos no daba lo mejor de mí, me arrepentiría de no haber intentado participar en esta cosa llamada Internet, y pensé que iba a ser un gran reto».

El capital inicial de amazon.com provino principalmente de sus padres, quienes invirtieron una gran parte de los ahorros de toda su vida en algo que no entendían. No estaban apostando por Amazon ni por el concepto de librería en Internet, sino por su hijo. Bezos les dijo que pensaba que había un 70 % de posibilidades de que perdieran su inversión, pero lo hicieron de todos modos. Le llevó más de cincuenta reuniones recaudar un millón de dólares de inversores y, en su transcurso, la pregunta más común fue: «¿Qué es Internet?». En esa parte del discurso ante el subcomité antimonopolio Bezos empezó a apelar al orgullo estadounidense y dijo que, a diferencia de muchos otros países del mundo, EE. UU., la gran nación en la que vivían, apoyaba y no estigmatizaba la toma de riesgos empresariales. Así que dejó un trabajo estable y se fue a un garaje de Seattle para fundar su *startup,* comprendiendo completamente que pudiera no funcionar. Sus comienzos no fueron fáciles: él mismo llevaba los paquetes a la oficina de correos y soñaba con poder pagar una carretilla elevadora algún día.

Comentó al subcomité que el éxito de Amazon fue todo menos predeterminado. Invertir en Amazon desde el principio fue una propuesta muy arriesgada. Desde su fundación hasta finales de 2001 el negocio tuvo pérdidas acumuladas de casi 3000 millones de dólares y no hubo un trimestre rentable hasta el cuarto trimestre de ese año. Al llegar a esa parte del discurso, Bezos se vino arriba e ironizó sobre «los analistas inteligentes» que predijeron que Barnes & Noble les aplastaría y les llamaron «amazon.toast». Recordó que en 1999, después de haber estado en el negocio durante casi cinco años, Barron's publicó un artículo llamado «Amazon.bomb» donde vaticinaba la cercana desaparición de Amazon.

En el pináculo de la burbuja de Internet el precio de las acciones de Amazon alcanzó un máximo de 116 dólares y luego, después de estallar la burbuja, sus acciones bajaron a 6 dólares. Los expertos pensaron que se iban a la quiebra. Y no fueron solo esos primeros años. Además de la buena suerte y la gran gente que participó en el proyecto, Bezos confesó que habían podido tener éxito como empresa solo porque habían seguido asumiendo grandes riesgos: «Para inventar tienes que experimentar, y si sabes de antemano que va a funcionar, no es un experimento». Recordó que muchos observadores calificaron a Amazon Web Services (AWS) como una distracción arriesgada y no entendían qué tenía que ver la venta de computación en la nube y almacenamiento con la venta de libros. Dijo que Amazon desde el principio se había esforzado por mantener una mentalidad de «primer día» en la empresa, es decir, abordar todo lo que hacían con la energía y el espíritu emprendedor de los inicios. Ese espíritu les llevaría a ser una gran compañía con el corazón de una empresa pequeña.

Bezos dijo al subcomité que, en su opinión, el enfoque obsesivo en el cliente era, con mucho, la mejor manera de lograr y mantener la vitalidad del primer día porque los clientes siempre están «maravillosamente insatisfechos», incluso cuando dicen estar felices y el negocio va bien. «Incluso cuando aún no lo saben, quieren algo mejor, y un deseo constante de complacerlos impulsa a Amazon a inventar constantemente en su nombre». El resultado de enfocarse obsesivamente en los clientes es lo que impulsa internamente a Amazon a mejorar sus servicios, añadir beneficios y funciones, inventar nuevos productos, reducir los precios y acelerar los tiempos de envío. Ningún cliente pidió a Amazon que creara el programa de membresía Prime, pero resultó que lo querían. No todas las empresas adoptan este enfoque centrado en el cliente, pero ellos lo hicieron, y es su mayor fortaleza.

Bezos siguió su relato: «La confianza del cliente es difícil de ganar y fácil de perder. Cuando permites que los clientes hagan de tu negocio lo que es, te serán leales hasta el momento en el que alguien más les ofrezca un mejor servicio. Amazon sabe que los clientes son perspicaces e inteligentes. Toman como dogma de fe que trabajamos intensamente para hacer lo correcto y que al hacerlo una y otra vez ganarán su confianza. Se gana la confianza poco a poco, con el tiempo, haciendo bien las cosas difíciles: entregando a tiempo, ofreciendo precios bajos todos los días, haciendo promesas y cumpliéndolas, tomando decisiones basadas en principios, incluso cuando son impopulares, y dando a los clientes más tiempo para pasar con sus familias inventando formas más convenientes de comprar, leer y automatizar sus hogares».

Bezos hizo referencia a su primera carta a los accionistas en 1997, donde ya les señala que toman decisiones basadas en el valor a largo plazo y que crean mientras inventan para satisfacer las necesidades del cliente. Cuando les critican por esas decisiones, escuchan y se miran al espejo. Cuando piensan que sus críticos tienen razón, cambian. Cuando cometen errores, se disculpan. Pero cuando se miran al espejo, evalúan las críticas y siguen creyendo que están haciendo lo correcto y que ninguna fuerza en el mundo debería poder conmoverlos. Afortunadamente, dice Bezos, su enfoque está funcionando. Y resalta que el 80 % de los estadounidenses tienen una impresión favorable de Amazon en general, según las principales encuestas independientes. ¿En quién confían los estadounidenses más que en Amazon para «hacer lo correcto»? Solo en los médicos de cabecera y el ejército, según una encuesta de Morning Consult de enero de 2020. Investigadores de la Universidad de Georgetown y de Nueva York descubrieron en 2018 que Amazon solamente estaba detrás de los militares entre todos los encuestados en una encuesta sobre la confianza institucional y de marca. Entre los republicanos únicamente seguían al ejército y a la policía local; entre los demócratas se encontraban en la cima. En la clasificación 2020 de *Fortune* de las empresas más admiradas del mundo, ocuparon el segundo lugar (Apple fue el primero). Bezos dice que están agradecidos de que los clientes noten el arduo trabajo que hacen en su nombre y de que les premien con su confianza. Trabajar para ganar y mantener esa confianza es el principal impulsor de la cultura del primer día de Amazon.

Bezos continuó relatando al subcomité que la empresa que la mayoría conoce como Amazon es la que le envía sus pedidos en línea en las cajas marrones con la sonrisa en el costado. Su naturaleza es llevar productos a los clientes. Esas operaciones deben estar cerca de ellos y no pueden subcontratar estos trabajos a China ni a ningún otro lugar. Para cumplir sus promesas a los clientes en EE. UU., necesitan trabajadores estadounidenses para llevar los productos a los clientes estadounidenses. Aseguró que cuando los clientes compran en Amazon están ayudando a crear puestos de trabajo en sus comunidades locales. Como resultado, Amazon emplea directamente a un millón de personas, y recordó que no solo contrata a científicos informáticos altamente capacitados y MBA en Seattle y Silicon Valley, sino que también contrata y capacita a cientos de miles de personas en estados de todo el país, como Virginia Occidental, Tennessee, Kansas e Idaho. Estos trabajadores son almacenadores de paquetes, mecánicos y gerentes de planta. Para muchos es su primer trabajo; para algunos significa un trampolín hacia otras carreras, y están orgullosos de ayudarlos con ello.

Bezos aseguró al subcomité que están invirtiendo más de 700 millones de dólares en brindar a más de cien mil trabajadores de Amazon acceso a programas de capacitación en campos como salud, transporte, aprendizaje automático y computación en la nube. Ese programa se llama Career Choice y pagan el 95 % de la matrícula y las tarifas para obtener un certificado o diploma para campos en demanda y bien remunerados, independientemente de si es relevante para una carrera en Amazon.

Cuando Bezos quiere poner nombre a todo esto, humanizarlo, pone ejemplos reales al subcomité. Así, habla de Patricia Soto, una de sus empleadas, que es una historia de éxito de Career Choice, el programa de Amazon exclusivamente diseñado para mejorar las cualificaciones profesionales de sus empleados interesados en un futuro fuera de Amazon. Soto siempre quiso seguir una carrera en el campo de la medicina para ayudar a cuidar a los demás, pero solo con un diploma de escuela secundaria y enfrentándose a los costes de la educación postsecundaria no estaba segura de poder lograrlo. Después de obtener su certificación médica a través de Career Choice, dejó Amazon para comenzar su nueva carrera como asistente médica en Sutter Gould Medical Foundation apoyando a un médico especializado en el aparato respiratorio.

Bezos recordó a los representantes del pueblo que Amazon ha invertido más de 270 000 millones en EE. UU. durante la última década. Más allá de su propia fuerza laboral, las inversiones de Amazon han creado casi setecientos mil puestos de trabajo indirectos en campos como los servicios de construcción y la hostelería y han generado trabajos muy necesarios, añadiendo cientos de millones de dólares en actividad económica.

Durante la crisis sanitaria mundial (solo citó la pandemia que cambió la historia de la humanidad una vez en esa declaración) Amazon dio empleo a 175 000 trabajadores adicionales, incluidos muchos despedidos de otros trabajos durante el cierre económico. Invirtió más de 4000 millones de dólares solo en el segundo trimestre para ofrecer productos esenciales a los clientes y mantener a sus empleados seguros durante la crisis. También creó un programa para evaluar periódicamente a los trabajadores de Amazon y detectar posibles casos de la COVID-19.

En ese momento Bezos entró en la cuestión: ¿es Amazon un monopolio? Según él, el mercado minorista global en el que competía era sorprendentemente grande y extraordinariamente competitivo, y Amazon representaba menos del 1 % del mercado minorista global de 25 trillones de dólares y menos del 4 % del comercio minorista en EE. UU. A diferencia de los sectores en los que el ganador se lo lleva todo, había espacio en el comercio minorista para muchos ganadores. «Por ejemplo, más de ochenta minoristas en EE. UU. ganan más de mil millones de dólares anualmente. Como cualquier minorista, saben que el éxito de su tienda depende completamente de la satisfacción de los clientes con su experiencia en ella. Todos los días Amazon compite contra grandes actores establecidos, como Target, Costco, Kroger y, por supuesto, Walmart, una empresa que duplica el tamaño de Amazon. Y aunque siempre se han centrado en producir una excelente experiencia de cliente para las ventas minoristas realizadas principalmente en línea, las ventas iniciadas en línea son ahora un área de crecimiento aún mayor para otras tiendas. Las ventas en línea de Walmart crecieron un 74 % en el primer trimestre. Y los clientes acuden cada vez más a servicios inventados por otras tiendas que Amazon aún no puede igualar a la escala de otras grandes organizaciones, como la recogida a pie de calle y las devoluciones en la tienda». La pandemia había puesto de relieve estas tendencias, que han ido creciendo durante años. En los últimos meses la recogida a pie de calle de pedidos en línea se había incrementado más del 200 %, en parte debido a las preocupaciones por ella. También se enfrentaban a una nueva competencia de empresas como Shopify e Instacart, que permiten que las tiendas tradicionalmente físicas instalen una tienda en línea completa casi instantáneamente y entreguen productos directamente a los clientes de formas nuevas e innovadoras y una lista cada vez mayor de modelos de negocio omnicanal. Como casi todos los demás segmentos de la economía, la tecnología se utiliza en todas partes en el comercio minorista y solo ha hecho que resulte más competitivo, sea en línea, en tiendas físicas o en las diversas combinaciones de las dos que componen la mayoría de las tiendas en la actualidad. «Y Amazon y todas las demás tiendas somos muy conscientes de que, independientemente de cómo se combinen las mejores características de las tiendas "en línea" y "físicas", todos compiten por los mismos clientes y sirven a los mismos. La gama de competidores minoristas y servicios relacionados cambia constantemente, y la única constante real en el comercio minorista es el deseo de los clientes de obtener precios más bajos, mejor selección y conveniencia», apostilló Bezos.

Añadió también que era importante comprender que el éxito de Amazon dependía abrumadoramente del de los miles de pymes que también vendían sus productos en las tiendas de Amazon. «En 1999 tomaron lo que en ese momento fue el paso sin precedentes de dar la bienvenida a vendedores externos a sus tiendas y permitirles ofrecer sus productos junto con los nuestros. Internamente esto resultó extremadamente controvertido, con muchos en desacuerdo y algunos prediciendo que sería el comienzo de una larga batalla perdida. Pero se comprometieron con la idea de que, a largo plazo, aumentaría la selección para los clientes y los más satisfechos serían excelentes tanto para los vendedores externos como para Amazon. Y eso es lo que pasó. Un año después de agregar esos vendedores, las ventas de terceros representaron el 5 % de las ventas unitarias, y rápidamente quedó claro que a los clientes les encanta la conveniencia de poder comprar los mejores productos y ver precios de diferentes vendedores al mismo tiempo. Estas pymes de terceros ahora agregaban una selección de productos significativamente mayor a las tiendas de Amazon que la propia operación minorista de Amazon». Las ventas de terceros entonces, en el año 2020, ya representaban aproximadamente el 60 % de las ventas de productos físicos en Amazon y estaban creciendo más rápido que las propias ventas minoristas de Amazon. En el verano de 2020 había 1.7 millones de pymes en todo el mundo que vendían en las tiendas de Amazon. Más de doscientos mil empresarios en todo el mundo superaron los 100 000 dólares en ventas en sus tiendas en 2019. Además de eso, estimaban que las compañías de terceros que vendían en las tiendas de Amazon habían creado más de 2.2 millones de nuevos puestos de trabajo en todo el mundo.

Y volvió a personalizar lo que quería decir al subcomité citando a una de esas vendedoras, Sherri Yukel, quien deseaba cambiar de carrera para estar más en casa con sus hijos. Comenzó a fabricar regalos y artículos de fiesta para amigos como pasatiempo y, finalmente, empezó a vender sus productos en Amazon. Al final la compañía de Yukel emplea a casi ochenta personas y tiene una base de clientes global. Asimismo citó a Christine Krogue, madre de cinco hijos que se queda en casa y vive en Salt Lake City. Krogue inició un negocio de venta de ropa para bebés a través de su propio sitio web antes de arriesgarse en Amazon. Desde entonces ha visto crecer sus ventas más del doble y ha podido expandir su línea de productos y contratar a un equipo de trabajadores a tiempo parcial. En definitiva, vender en Amazon ha permitido a Yukel y a Krogue hacer crecer sus propios negocios y satisfacer a los clientes en sus propios términos.

La confianza que los clientes depositan en Amazon todos los días le ha permitido crear más puestos de trabajo en EE. UU. durante la última década que cualquier otra empresa: cientos de miles en 42 estados. Los empleados de Amazon, además, ganaban un mínimo de 15 dólares por hora, más del doble del salario mínimo federal. Amazon había desafiado a otros grandes minoristas a igualar su salario mínimo de 15 dólares. Target y Best Buy lo hicieron. Bezos destacó que sus trabajadores por hora a tiempo completo recibían los mismos beneficios que sus empleados asalariados de la sede, incluido un seguro médico integral a partir del primer día de empleo, un plan de jubilación 401(k)[1] y licencia parental, incluidas veinte semanas remuneradas de licencia por maternidad. Más del 80 % de las acciones de Amazon son propiedad de terceros, y durante los últimos 26 años, comenzando desde cero, han creado más de un trillón (de dólares estadounidenses) de riqueza para los accionistas externos, es decir, fondos de pensiones como los de bomberos, policía y maestros de escuela. Otros son 401(k) fondos mutuos que poseían partes de Amazon. Dotaciones universitarias también, y la lista continúa. Mucha gente se jubilaría mejor debido a la riqueza que había creado Amazon para tantos, hecho por el que estaban enormemente orgullosos.

Bezos comentó que la obsesión de Amazon por el cliente les había convertido en lo que son y les había permitido también hacer cosas cada vez más importantes. Dijo que amaba a los emprendedores de garaje; que él mismo fue uno de ellos, pero que el mundo necesitaba empresas pequeñas y grandes porque había cosas que las pequeñas no pueden hacer: «No puedes construir un Boeing 787 totalmente de fibra en tu garaje». La escala actual de Amazon les permitía tener un impacto significativo en problemas sociales importantes. Y puso de ejemplo The Climate Pledge[2], un compromiso asumido por Amazon al que se unieron otras empresas para cumplir los objetivos del Acuerdo de París diez años antes y tener cero emisiones netas de carbono en 2040.

Amazon planteaba cumplir el compromiso en parte mediante la compra de cien mil camionetas eléctricas de reparto Rivian, un productor de vehículos eléctricos con sede en Michigan. Apuntaba a tener esa flota en la carretera a partir de 2022 y los cien mil vehículos en la carretera para 2030. A nivel mundial Amazon operaba 91 proyectos solares y eólicos que tienen la capacidad de generar más de 2900 MW y entregar más de 7.6 millones de MWh de energía al año, suficiente para abastecer a más de 680 000 hogares estadounidenses. Amazon también estaba invirtiendo cien millones de dólares en proyectos globales de reforestación a través del Right Now Climate Fund, incluyendo diez millones de dólares que Amazon comprometió para conservar, restaurar y apoyar soluciones sostenibles de silvicultura y vida silvestre basadas en la naturaleza en las Montañas Apalaches, financiando dos proyectos innovadores en colaboración con The Nature Conservancy.

También dijo a los representantes del pueblo que recientemente Amazon había abierto el refugio para personas sin hogar más grande del estado de Washington, ubicado dentro de uno de los edificios de sus oficinas centrales más nuevas en el centro de Seattle. El refugio es para Mary's Place, una organización sin fines de lucro con sede en la misma ciudad. Con una inversión de partida de cien millones de dólares de Amazon, abarca ocho pisos y puede acomodar hasta a doscientas personas cada noche. Tiene su propia clínica de salud y proporciona herramientas y servicios fundamentales para ayudar a las familias que luchan contra la falta de vivienda a recuperarse. Y hay un espacio dedicado a proporcionar oficinas legales gratuitas semanales que ofrecen asesoramiento sobre cuestiones de crédito y deudas, lesiones personales, vivienda y derechos de los inquilinos. Desde 2018 el equipo legal de Amazon ha apoyado a cientos de huéspedes de Mary's Place y ha ofrecido más de mil horas de asesoramiento gratuitas.

Habló también de Amazon Future Engineer, un programa de ayuda global diseñado para inspirar, educar y preparar a miles de niños y adultos jóvenes de comunidades insuficientemente representadas y desatendidas a conseguir una carrera en informática. El programa también financia cursos para los maestros de cientos de escuelas primarias, clases de ciencias de la computación de introducción y AP para más de dos mil escuelas en comunidades desatendidas en todo el país y cien becas universitarias de cuatro años y 40 000 dólares para estudiantes de ciencias de la computación de bajo nivel. Los becarios también reciben pasantías garantizadas en Amazon.

Y Bezos terminó su explicación con una declaración muy estadounidense diciendo que no es una coincidencia que Amazon hubiera nacido en EE. UU., país donde más que en cualquier otro lugar de la Tierra las nuevas compañías pueden comenzar, crecer y prosperar, ya que abraza el ingenio y la autosuficiencia y a los emprendedores que comienzan de cero; donde se fomenta el emprendimiento con un estado de derecho estable, el mejor sistema universitario del mundo, la libertad que ofrece la democracia y una cultura de toma de riesgos profundamente aceptada, y que, aunque no es un país perfecto, Bezos piensa que es el mejor y que el mejor debe enfrentarse a los desafíos del cambio climático y a la desigualdad de ingresos. También volvió a comentar (de pasada) que estaban atravesando la crisis de una pandemia y justo después añadió que al resto del mundo le encantaría incluso el más mínimo sorbo del elixir que tenían en EE. UU.

Luego volvió a su discurso mentando a los inmigrantes como su padre, que veían el tesoro de este país porque tenían perspectiva, a menudo con más claridad que los que tuvieron la suerte de nacer en el mejor país del mundo. Bezos finalizó diciendo que su nación estaba en el primer día y que nunca había sido más optimista sobre su futuro.

The end...

Como hemos dicho, el director ejecutivo de Amazon, Bezos, testificó en remoto ante un subcomité antimonopolio de la Cámara de Representantes de EE. UU. en verano de 2020 en Washington, que también había llamado a declarar a otros principales directivos ejecutivos de las grandes tecnológicas. Bezos se conectaba desde un despacho. Llevaba traje y corbata. Se le veía incómodo y nervioso. No estaba acostumbrado. Era la primera vez que declaraba ante un comité tan ceremonial. Ser el hombre más rico del mundo no significaba que pudiera con todo. Su gente había estado durante meses preparando su declaración. La tenían escrita y la aportaron a los congresistas. Su declaración de apertura sobre sus orígenes humildes iba a ser de 25 min, pero le dijeron que tenía menos tiempo. Empezaba mal. Pasaba el tiempo y esperó 1 h antes de que alguien le hiciera una pregunta. Además, la mayor parte de la audiencia parecía ser sobre Google y Facebook. Bezos quedó en un segundo término. Finalmente, se le interrogó sobre el papel de Amazon en la desaparición de diapers.com. Sorprendentemente, Bezos no recordaba este caso, a pesar de que llenó montañas de titulares en la prensa especializada.

diapers.com fue un *retailer* en línea de productos para bebés que existió entre 2005 y 2017 cofundado por Marc Lore (que más tarde trabajó en Amazon y fue alto directivo de Walmart, archienemigo declarado de Bezos) y Vinit Bharara. La empresa se especializó en productos como pañales, toallitas húmedas, ropa y zapatos para bebés de cero a tres años. diapers.com se estableció en 2005 como 1800Diapers. Más tarde se convirtió en parte de otros sitios de compras en línea propiedad de la empresa matriz Quidsi Inc. (yoyo.com, soap.com, casa.com, beautybar.com y wag.com). Tenía su sede en Nueva Jersey. Diapers empezó a vender cada vez más y Bezos vio que diapers.com podría convertirse en una amenaza significativa para Amazon, así que envió a directivos para negociar con Quidsi para que les vendieran todos sus sitios web, pero los ejecutivos de diapers.com rechazaron la oferta. Bezos no tomó bien no poder comprar Quidsi por la negativa de diapers.com, así que decidió empezar una despiadada guerra de precios en torno a los pañales. Los precios de los productos para bebés cayeron hasta un 30 % en Amazon. diapers.com, que había construido un gran negocio (en apenas unos pocos años de existencia ya facturaba más de cien millones de dólares y estaba valorado en 300 millones de dólares), tuvo que responder a su vez con recortes de precios. Y ahí Amazon aplastó a diaperes.com, que no pudo seguirle. Los fundadores de Quidsi iniciaron conversaciones con Walmart y no se llegó a ningún acuerdo. En septiembre de 2010 Lore y Bharara viajaron a Seattle para reunirse con ejecutivos de Amazon, pero incluso cuando los fundadores de diapers.com llegaron a la reunión, Amazon seguía aumentando la presión lanzando un nuevo servicio llamado Amazon Moms. Amazon hizo una oferta para adquirir Quidsi y Walmart respondió con una contraoferta. Al darse cuenta de la contraoferta de Walmart, Amazon recurrió a amenazas. Los ejecutivos que representaban a Amazon en las conversaciones dijeron a Lore y a Bharara que Bezos haría lo que fuera necesario, incluso si eso significaba reducir los precios de los pañales a cero. La amenaza obligó a la junta de Quidsi a quedarse con Amazon, y el acuerdo se anunció en noviembre de 2010 por 545 millones de dólares. A pesar de que Lore aceptó vender y trabajar para Amazon, realmente fue medio arrinconado, no disfrutaba allí, así que se fue para crear y lanzar jet.com en 2014, una nueva megatienda que competiría con Amazon. En 2016 Walmart anunció que compraba jet.com por 3000 millones de dólares, y a Lore se le ofreció un trabajo en Walmart como director ejecutivo de Walmart e-commerce US. Siete años después de comprar Quidsi, Amazon anunció que cerraría diapers.com y el resto de los sitios de compras en línea de Quidsi. En abril de 2017 Quidsi y sus seis sitios de compras se trasladaron a amazon.com. Amazon declaró que había trabajado muy intensamente durante los últimos siete años para que fuera rentable y, desafortunadamente, no había podido hacerlo. Bezos no buscaba añadir diapers.com, sino eliminar a un posible poderoso competidor y enviar un mensaje a Wall Street y a Walmart.

Mary Gay Scanlon, miembro de la Cámara de Representantes de EE. UU., interrogó a Bezos ese 29 de julio y le preguntó por el caso diapers.com y por cómo Amazon podría usar su poder para eliminar a posibles competidores. Bezos pareció sorprendido. Argumentó que habían pasado muchos años y que no recordaba bien. Scanlon recordó a Bezos que la guerra de precios contra diapers.com funcionó y a los pocos meses Amazon lo compró. Después de comprar aquí a su principal competidor, Amazon recortó promociones como amazon.mom y los grandes descuentos con los que solían atraer a los clientes fuera de diapers.com y aumentó los precios de los pañales. Se le preguntó a Bezos si aprobó personalmente el plan para subir los precios después de que Amazon eliminara a su competencia y Bezos respondió que no recordaba eso en absoluto, que eso había ocurrido hacía once años y que le estaban pidiendo mucho a su memoria.

 Ver la declaración Bezos de julio de 2020 ante el Comité Judicial de la Cámara de Representantes y subcomité de Derecho Antimonopolio, Comercial y Administrativo.

A la fiesta se unió el representante David Cicilline, de Rhode Island, quien preguntó a Bezos si no se trataba de un conflicto de intereses inherente para Amazon producir y vender productos en su plataforma que compiten directamente con vendedores externos, particularmente cuando Amazon establece las reglas del juego. Bezos contestó que no creía que lo fuera, ya que el consumidor es, en última instancia, quien toma las decisiones sobre qué comprar, a qué precio y a quién. Cicilline le dijo que esa no era la cuestión, sino si existía un conflicto de intereses inherente, y le recordó que hacía unos minutos Bezos había dicho que no podía garantizar que la política de no compartir datos de vendedores de terceros con la propia línea de Amazon no hubiera sido violada. Bezos titubeó y dijo que lo estaban investigando, que no quería ir más allá de lo que sabía en ese momento, pero como resultado de un artículo de *The Wall Street Journal* lo estaban analizando con mucho cuidado.

Cicline hizo referencia a que la congresista de Seattle, Pramila Jayapal, le había preguntado a Bezos durante el interrogatorio sobre una investigación de *The Wall Street Journal* de abril que encontró que Amazon usa datos detallados sobre vendedores externos en su mercado para informar sobre el desarrollo de productos internos. Jaypal le había preguntado por eso y Bezos le había respondido que no podía contestar a esa pregunta sí o no, que lo que podía decirle es que tenían una política contra el uso de datos específicos del vendedor para ayudar a su negocio de marcas privadas, pero no podía garantizarle que esa política nunca hubiera sido violada.

Ese 29 de julio de 2020 fue un día desagradable para Bezos. Jayapal le había recordado el reportaje de abril de 2020 en *The Wall Street Journal* que reveló que su compañía accede a datos sobre vendedores externos tanto al revisar datos sobre productos y vendedores individuales populares como al crear pequeñas categorías que permiten a su empresa acceder categóricamente a información detallada del vendedor en una categoría supuestamente añadida.

 Ver artículo de *The Wall Street Journal* sobre la polémica recogida de datos de los vendedores de Amazon para lanzar productos de marca propia.

Bezos le dijo que «estaba familiarizado con el artículo de *The Wall Street Journal»,* que estaban investigando, pero que era difícil llegar al fondo porque algunas de las fuentes del artículo son anónimas.

Le interrogaron ese día también a Bezos sobre el comportamiento de Amazon durante la crisis provocada por el coronavirus, cuando tuvo que priorizar los artículos esenciales debido al volumen de pedidos de los clientes, y que varios empleados habían informado que Amazon continuó enviando artículos no esenciales, como hamacas, peceras, flotadores para piscinas, etc. Y le preguntaron si dispositivos de Amazon como Fire TV, altavoces Echo y timbres Ring fueron designados como esenciales durante la pandemia. Lo que Scanlon le estaba preguntando era por qué en medio de una pandemia, donde se supone que tenía que priorizar un consumo de emergencia, Amazon adaptó sus algoritmos para priorizar sus propios productos no esenciales sobre los artículos esenciales ofrecidos por vendedores externos, es decir, hacer caja en medio de la tormenta.

Bezos dijo que no sabía la respuesta a la pregunta.

El representante Joe Neguse preguntó a Bezos si AWS usaba información sobre sus clientes para desarrollar servicios de la competencia y Bezos lo negó y dijo que Amazon es capaz de tener clientes que también son competidores, como Netflix o Hulu.

El subcomité se refirió a otras áreas de preocupación en torno a Amazon, como la vigilancia de productos falsificados y robados. Bezos no pudo responder a una pregunta de la representante Lucy Kay McBath sobre qué credenciales requiere Amazon de los vendedores externos. A principios de mayo de 2021 Amazon bloqueó más de diez mil millones de listados de productos sospechosos en 2020 antes de que cualquiera de sus ofertas pudiera venderse. Pero por mastodóntica que parezca esa cifra, millones de productos falsos se cuelan en amazon.com, ya que los vendedores pueden enumerar sus artículos directamente en el sitio. Amazon destruyó dos millones de productos falsificados enviados a sus almacenes en 2020 antes de que pudieran venderse.

Dos senadores, Bill Cassidy, de Louisiana, y Dick Durbin, de Illinois, ambos demócratas, volvieron a presentar un proyecto de ley en 2020 conocido como Inform Consumers Act que requiere que los vendedores externos sean verificados y revelen su nombre y su dirección a los compradores. El proyecto de ley se presentó el año anterior, pero no se votó. Amazon y otras empresas de comercio electrónico, como eBay y Etsy, se oponen a este proyecto de ley por razones que incluyen la preocupación de que pueda disuadir a las personas de comenzar una pequeña empresa y vender en línea. Pero los grupos que representan a grandes minoristas físicos tradicionales lo apoyan porque dicen que nivela el campo de juego, ya que los minoristas físicos ya se aseguran de que sus estantes estén libres de falsificaciones. Según Amazon ha invertido más de 700 millones de dólares en 2019 en programas contra la falsificación y tiene trabajando en ello a diez mil personas.

En 2017 Nike abrió una tienda en Amazon. Pactó con Amazon que, a cambio, esta se comprometía a luchar contra el enorme número de falsificaciones de productos de Nike que se venden en Amazon. Nike entregó a Amazon una lista de proveedores a los que examinar y Amazon retiró a muchos. Apenas dos años después Nike anunció que abandonaba Amazon, ya que los vendedores externos cuyos listados fueron eliminados simplemente aparecieron con un nombre diferente. Además, los productos oficiales de Nike tuvieron menos críticas y, por tanto, recibieron peor posicionamiento en el sitio.

Al final de la audiencia, el presidente del subcomité, Cicilline, dijo que estas empresas tecnológicas, Facebook (hoy Meta), Apple,

Alphabet o Microsoft, tenían poder de monopolio y algunas debían disolverse: «Todas deben estar debidamente reguladas y rendir cuentas. Necesitamos asegurarnos de que las leyes antimonopolio se escriban en la era digital». Cuando se redactaron estas leyes y los monopolistas eran hombres llamados Rockefeller y Carnegie, su control del mercado les permitió hacer lo que fuera necesario para aplastar a las empresas independientes y expandir su propio poder. Los nombres han cambiado, pero la historia es la misma. Ahora los hombres se llaman Zuckerberg, Cook, Pichai y Bezos. Una vez más, su control del mercado les permite hacer lo que sea necesario para aplastar a las empresas independientes y expandir su propio poder, y eso debe terminar, concluyó Cicilline.

Dos días después de que el Congreso interrogara a Amazon sobre si era demasiado grande, sus acciones se dispararon. ¿La principal razón del entusiasmo? Después de un trimestre récord en el que los consumidores confinados en casa acudieron en masa a Amazon en busca de todo, Wall Street esperaba que Amazon expandiera aún más su dominio del mercado. ¿Hasta dónde? Hasta el infinito y más allá.

Y Bezos cada vez más billonario.

12
JEFF, EL JEFE

En 2014, en el tercer Congreso Mundial de la Confederación Sindical Internacional (CSI) en Berlín, Jeff Bezos, CEO de Amazon, fue elegido el peor jefe del mundo. En la CSI, que representa a 180 millones de trabajadores y se reúne en Berlín con más de 1500 delegados de 161 países, votaron veinte mil delegados de muchos países que habían ido al congreso. El secretario general de UNI Global Union, Philip Jennings, dijo que no aceptaban el modelo de Amazon de la nueva economía, pues era insostenible y se basaba en tratar a su fuerza laboral permanente, a tiempo parcial y temporal como robots humanos. Y continuó diciendo que, aunque se veía a Bezos como un gran innovador, el éxito de Amazon se debía a una visión del futuro en la que trataba a su personal como si fueran empleados de una fábrica del siglo XIX.

En septiembre de 2021 Amazon daba trabajo a 1 468 000 personas. En ese año, los mayores empleadores privados del mundo eran Walmart, con 2.2 millones de personas, McDonald's, con 1.9 millones, y luego Amazon. Y todo apuntaba a que en 2023-2024 Amazon sería el mayor empleador del mundo, superando a Walmart.

En un artículo de *The New York Times* de junio de 2021, David Niekerk, exvicepresidente de Amazon, dijo que Bezos nunca quiso una fuerza laboral arraigada; lo llamaba «una marcha hacia la mediocridad». No quería que los trabajadores por horas se quedaran mucho tiempo y veía como una amenaza una fuerza laboral «numerosa y descontenta». Según Niekerk, Bezos pensaba que Amazon era una empresa con muchos trabajos poco cualificados obsesionada con los consumidores y además creía que la gente era inherentemente vaga.

Según *The New York Times,* esta es la razón por la que la firma organiza sus recursos humanos en el corto plazo, ofrece voluntariamente pocas perspectivas de desarrollo interno a las personas que se encuentran en la parte inferior de la escala o incluso las alienta financieramente a ir a ver lo más rápido posible si la hierba no es más verde en otros lugares. Por tanto, se trataba a los empleados como robots prescindibles, cuando las máquinas reales están dando grandes pasos. Su productividad es rastreada minuto a minuto y gesto a gesto por el sistema informático de la plataforma, y el menor incidente puede ser penalizado sin que siquiera un supervisor humano tenga que intervenir. Con ello también se pretende tratar otra de las obsesiones de Bezos: las muchísimas lesiones musculoesqueléticas que suceden en sus almacenes. Un estudio de junio de 2021 reveló que los trabajadores de Amazon tenían 5.9 lesiones graves por cada cien personas, casi un 80 % más que el resto del sector en EE. UU. Los organizadores del estudio culparon a la «obsesión de Amazon por la velocidad» como la principal causa del problema.

Ver artículo de thesoc.org: «Preparados para el dolor. La epidemia de lesiones laborales de Amazon».

En comparación, por ejemplo, con Walmart, la tasa general de lesiones de Amazon fue más del doble, de 6.5 por cada cien empleados, en comparación con los 3 sobre cien de Walmart. Amazon reaccionó diciendo que había invertido más de mil millones de dólares en seguridad laboral en 2020 y aumentado su equipo de seguridad a más de 6200 personas.

El 21 de junio de 2021 *Motherboard* publicó un artículo demoledor en el que se explica que entre los empleados de Amazon circuló un folleto en el que se comparaban sus exigentes rutinas laborales con el día a día de deportistas de alto rendimiento. Hablaba de «atletas industriales» para referirse a los trabajadores de Amazon. En el folleto filtrado se les pedía que controlaran el color de su orina y modificaran su estilo de vida para no lesionarse en el trabajo y se detallaba cómo su programa Working Well ayudaría a los empleados a establecer pautas para «preparar sus cuerpos» para caminar «hasta 21 km/día (13 millas)» o levantar «9071 kg (20 000 libras)» durante un turno. El folleto de Amazon instaba a «sus atletas industriales» a comer bien porque quemarían alrededor de 400 calorías/h en su jornada laboral. El folleto es de un almacén de Tulsa, Oklahoma, y se remonta a 2020, cuando el programa Working Well se puso a prueba por primera vez en varios almacenes de todo el país.

En una declaración posterior a *Motherboard* Amazon afirmó que el folleto se creó por error y que se eliminó de inmediato.

Folleto filtrado de Amazon pide a los trabajadores que modifiquen su estilo de vida para no lesionarse en el trabajo

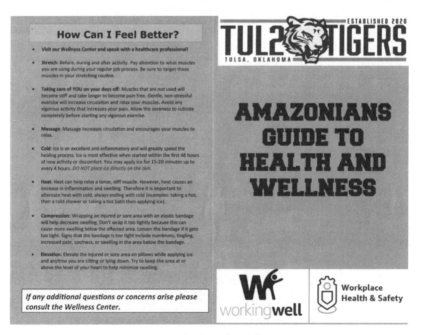

Fuente: *Motherboard Tech by Vice*.

Bezos tiene una visión totalitarista del consumidor: si estará satisfecho, hagámoslo; si quiere cuatro entregas en un día, hagámoslo (el coste medioambiental es el daño colateral que debemos asumir); si hay que ir más rápido en los almacenes, vayamos más rápido; midamos el tiempo, la efectividad de nuestros empleados: merecerán estar con nosotros según su efectividad.

Para muchos es un genio a la par que un negacionista social: ama a sus clientes pero desprecia las comunidades donde viven haciendo todo lo posible para no pagar impuestos donde sus clientes compran y así contribuir a que esas sociedades sean mejores. Bezos, genio superlativo, ve a sus empleados como «seres productivos», visión que le ha llevado a tener una fortuna superior al 75 % del PIB de los países del mundo.

Bezos ha despreciado siempre a los sindicatos y ha realizado durante años todo tipo de movimientos para impedirlos dentro de su empresa o al menos hacerles el día a día muy complicado. Ya en 2000 saltó un escándalo monumental a partir de un artículo publicado en *The New York Times* cuyo titular apuntaba que amazon. com intentaba bloquear el esfuerzo de los sindicatos por organizarse. Según este artículo, Bezos decía que los sindicatos eran un negocio codicioso y con fines de lucro y que en Amazon se estaba asesorando a los gerentes sobre formas de detectar cuándo un grupo de trabajadores estaba tratando de respaldar a un sindicato. Entre las señales de advertencia se encontraban: conversaciones silenciosas que no han ocurrido antes, grupos pequeños que se apiñan en silencio cuando se acerca el supervisor o el aumento de quejas, una disminución en la calidad del trabajo y una creciente agresividad y holgazanería en el comedor y los baños.

The Communications Workers of America había emprendido una campaña para sindicalizar a cuatrocientos representantes de servicio al cliente en Seattle, donde tenía su sede Amazon. El United Food and Commercial Workers Union y el Prewitt Organizing Fund buscaban sindicalizar a unos cinco mil trabajadores en los ocho centros de distribución de Amazon en todo el país. Amazon en un comunicado interno publicó una especie de panfleto contra los sindicatos titulado «Razones por las que un sindicato no es deseable» donde afirmaba que los sindicatos fomentaban activamente la desconfianza hacia los supervisores y creaban una actitud poco cooperativa entre los asociados al llevarlos a pensar que son «intocables»; además los sindicatos vendrían a limitar los incentivos para los asociados, ya que los aumentos de mérito son contrarios a la filosofía sindical.

Amazon reconoció a *The New York Times* este tipo de comunicados. Patty Smith, portavoz de la compañía, dijo que su propósito principal era decirles a los supervisores qué pueden hacer para oponerse a un sindicato y qué acciones de los gerentes violan las leyes que prohíben las represalias contra los trabajadores que apoyan la sindicalización. Por ejemplo, el sitio web apuntaba que los supervisores podían decirles a los empleados que la empresa prefería tratar con ellos directamente en lugar de hacerlo a través de una organización externa. También señalaba que los supervisores podían informar a los trabajadores sobre los beneficios que disfrutaban. En cuanto a lo que no se debe hacer, los comunicados advertían a los supervisores de que no amenazasen a los empleados con despidos o redujeran los ingresos o eliminaran los privilegios de cualquier simpatizante sindical. Smith añadió que Amazon contrataba a empleados inteligentes y dedicados y confiaba en ellos para tomar decisiones sobre lo que era mejor para su futuro, pero que obviamente no creía que un sindicato fuera lo mejor para su futuro o para los clientes de Amazon.

 Ver artículo de *The New York Times*: «Amazon.com está utilizando la web para bloquear los esfuerzos de los sindicatos por organizarse».

En la mañana del 9 de abril de 2013 unos 1100 empleados de los centros logísticos de Amazon en Bad Hersfeld, una ciudad en el centro de Alemania, formaron un piquete frente a las puertas. Se equiparon con silbatos, chalecos de alta visibilidad con el logo de Verdi, el sindicato del sector servicios, y carteles pidiendo un convenio colectivo basado en las normas aplicables a las empresas minoristas y de venta por correo. Había sucedido algo que nadie, y menos Amazon, había creído posible: por primera vez en sus casi veinte años de historia se enfrentaba a una huelga, que se extendió a ocho de los nueve centros logísticos alemanes. Bezos respondió al diario *Frankfurter Allgemeine Zeitung* que su empresa era un «excelente empleador en Alemania» y poco más.

Ya en esos años, y sobre todo en Francia y Alemania, la imagen pública de Amazon se había visto deteriorada tras una gran cantidad de informes de los medios sobre sus malas condiciones de trabajo, la evasión de impuestos y su conducta agresiva en el mercado.

En agosto de 2013 *Business Insider* publicó un artículo donde repasaba los numerosos escándalos de ese año sobre las condiciones laborales de los empleados de Amazon: «Condiciones brutales en los almacenes de Amazon amenazan con arruinar la imagen de la empresa». En este artículo se publicaban correos electrónicos que describían la vida dentro de los almacenes de Amazon en EE. UU., donde los empleados temporales trabajaban en condiciones de frío intenso. Sus descansos y almuerzos desaparecían porque los almacenes de Amazon eran tan grandes que se necesitan varios minutos a pie para llegar y salir de la estación de trabajo. *The Morning Call* de Pensilvania publicó varias historias sobre los almacenes de Amazon en relación a que tenían tan altas temperaturas que los trabajadores se desmayaban en el trabajo (desde entonces, Amazon ha instalado aire acondicionado).

Ver artículo de *Business Insider:*
«Las brutales condiciones de los almacenes de Amazon amenazan con arruinar la imagen de la compañía».

The New York Times publicó en junio de 2021 quizás el artículo más demoledor escrito por un medio de comunicación de su relevancia sobre las condiciones laborales de Amazon. En este extensísimo artículo, excepcionalmente documentado, se habla de lo que los clientes no ven de Amazon, donde se rinde el culto a la rotación. En su antagonista, Walmart, más del 75 % de los gerentes de las tiendas comenzaron como empleados por horas; sin embargo, Amazon, en su almacén más mastodóntico, JFK8, promovió solo a 220 personas en 2020 entre sus más de cinco mil empleados, una tasa menor de la mitad de la de Walmart.

Este artículo (y otros muchos antes de otros medios) narra el fantasma de la presión que ejerce la «tasa» que deben alcanzar los empleados. Amazon paga bien, más que sus competidores, pero a cambio tiene en EE. UU. el índice de rotación más alto, y la presión es incomparable con la de los *retailers* de su sector.

La estricta monitorización de los trabajadores en Amazon ha fomentado la cultura del miedo. Los datos de la empresa han mostrado que la mayoría de los empleados pierden el entusiasmo con el tiempo, comenta el artículo, y Bezos cree que la gente es floja por naturaleza. Amazon rastrea cada uno de los movimientos de los trabajadores en sus bodegas. Los empleados que trabajan a un ritmo muy lento o están desocupados durante demasiado tiempo corren el riesgo de ser despedidos. Muy pocos son despedidos por poca productividad o por pasar mucho tiempo fuera de su estación de trabajo, pero los empleados no lo saben. Las directrices internas de JFK8 estipulan que el objetivo es crear un ambiente en el que no se haga un informe de todos, sino que los empleados sepan que se está inspeccionando para encontrar políticas de tasa y tiempo libre de tareas (TOT).

Incluso antes de la pandemia, según datos que no se habían revelado, Amazon estaba perdiendo a la semana alrededor del 3 % de sus empleados contratados por hora, es decir, que su rotación era de más o menos el 150 % anual. A esa tasa Amazon tuvo que reemplazar el equivalente de toda su fuerza laboral casi cada ocho meses.

Kelly Nantel, portavoz de Amazon, respondió a las preguntas sobre la rotación de la empresa con estas palabras: «La rotación de personal es tan solo una función de datos y, cuando solo se examina eso, se pierde un contexto importante».

13

JEFF, ¿NOS ABANDONAS?

Jeff Bezos, el niño que nació en la ciudad rodeada de desiertos, que fue abandonado por su padre y quedó con su madre adolescente de 17 años, el hombre que posiblemente será la persona más rica de la historia de la humanidad, dejó el cargo de CEO de la empresa que creó el 5 de julio de un año ya lejano. Bezos entregó el título de director ejecutivo a Andy Jassy, un antiguo ejecutivo de Amazon que dirige el multimillonario negocio en la nube de la compañía, la joya de la corona.

El día de su salida, el 5 de julio de 2021, no se eligió al azar: Bezos lo escogió porque era sentimental para él, ya que Amazon había nacido justo hacía 27 años, el 5 de julio de 1994. Pero no se retiraba del todo, sino que asumía el cargo de presidente ejecutivo de la compañía. Ese día su fortuna personal era superior al PIB del 75 % de los países del mundo, mientras que había más de 750 millones de personas que vivían con menos de 1.90 dólares al día.

Quería centrarse en una misión vital: la conquista del espacio.

En mayo de 2021 cinco personas, Bezos, Elon Musk, Bernard Arnault, Bill Gates y Mark Zuckerberg, sumaban una fortuna conjunta de 720 000 millones de dólares. De los cinco, Musk, Gates y Zuckerberg firmaron The Giving Pledge (algo así como «La promesa de dar»), una campaña filantrópica iniciada por Warren Buffett y Gates por la cual todo el que se adhiere se compromete a donar (en vida o en herencia) al menos la mitad de su riqueza a obras de caridad. La exmujer de Bezos también firmó. Bezos no. Le preguntaron en su momento las razones y el silencio fue la respuesta.

Bezos nunca había aparecido en la lista anual de los cincuenta donantes más grandes de EE. UU. hasta 2018, año en el que ocupó el primer lugar con el lanzamiento de un fondo de 2000 millones de dólares para programas educativos para personas sin hogar. Esa donación puede parecer muy grande, pero representaba solo el 1.3 % de su patrimonio neto en aquel momento.

Bezos es un genio y un tipo especial. Él mismo se describe como un *nerd* (un friki) y un fan acérrimo de *Star Trek*. Es tal su afición, que hizo un cameo en la decimotercera película de la saga, *Star Trek Beyond,* como un oficial alienígena de la Flota Estelar. Bezos confesó que fue un momento increíble; incluso llegó a rogar a Paramount, que era propiedad de Viacom, que le dejara estar en una película de *Star Trek*. Bezos, el hombre que será el más rico de la historia de la humanidad, es un friki fanático de la Flota Estelar. Una vez confesó que el asistente de inteligencia artificial Alexa de Amazon se inspiró en el ordenador paciente y sabelotodo de Starship Enterprise. Bezos es un adicto a la ciencia ficción. Devoró libros. Ahora tiene menos tiempo. Es lo malo de ser aspirante a hombre más rico de la historia de la humanidad. Antes leía diez al mes; ahora solo puede leer tres. Se siente frustrado. Bezos es un *trekkie* y ama el mundo de la literatura de ciencia ficción.

En 2018 Bezos confesó que su proyecto favorito no era Amazon, sino la construcción de un reloj que funcionara durante diez mil años. El reloj se encuentra en lo más profundo del corazón de una montaña de Sierra Diablo, a lo largo de la frontera entre Texas y México, tiene 500 pies de altura y Bezos invirtió al menos 42 millones de dólares en él. Es dinero, pero si tu fortuna está en torno a los 200 000 millones de dólares... Bezos ya tiene su reloj de diez mil años, el reloj más caro del mundo.

«La instalación ha comenzado: 500 pies de altura, todo mecánico, alimentado por ciclos térmicos día/noche, sincronizado con el mediodía solar, un símbolo del pensamiento a largo plazo, el #10000YearClock se está construyendo gracias al genio de Danny Hillis, Zander Rose y todo el equipo del reloj. Disfruta del vídeo».

En 2012 Bezos sufragó una misión para rescatar de las profundidades del mar los motores F-1 del Apolo 11. Era importante. Necesitaba subirlos a tierra. Rescatarlos. Hacer historia. Pagó. Pagó mucho. Son las cosas de Bezos. En un comunicado emitido antes de la inauguración dijo que cuando tenía cinco años vio a Neil Armstrong subir a la Luna y eso le imprimió una pasión por la ciencia y la exploración y que tenía la esperanza de que esos motores pudieran despertar una pasión similar en un niño que los viera en esos días.

Bezos también tiene su propio submarino, y casas, muchas, y coches, muchos, y le encantan el pulpo con patatas, el tocino, el yogur de ajo verde y los huevos, y a veces toma todo eso junto en el desayuno.

La vida de Bezos no siempre ha sido tan glamurosa. En 2014 perdió 7400 millones de dólares de su patrimonio neto debido al mal funcionamiento de las acciones de su empresa. La fortuna de Bezos se redujo a 28 600 millones de dólares. Tuvo que conformarse con ser el número 20 en la lista de las personas más ricas del mundo. Pero las cosas cambiaron desde entonces. Bezos es el hombre que dijo que haría la empresa más centrada en el cliente de la historia y lo ha conseguido: la gente ama Amazon. Y Bezos ama a la gente.

Bezos compró en mayo de 2021 un superyate de 127 m (417 pies) con un valor aproximado de 500 millones de dólares. Adquirió el gran yate de la historia en 2020, año en el que se batieron récords de ventas de megayates. De hecho, fue en 2020 cuando más personas se convirtieron en multimillonarias respecto a cualquier otro momento de la historia. Bezos es el chico más listo de la clase, pero hay muchos y muchas más. Fue un gran año para los megarricos. Y también fue el año del coronavirus, donde se multiplicaron los ultrapobres en el mundo.

Los 500 millones de dólares no incluían un «yate de apoyo» motorizado más pequeño que Bezos planeaba comprar. Ese yate contaba con una plataforma de aterrizaje para helicópteros ya que decían que la novia de Bezos, la presentadora de televisión Lauren Sánchez, era una gran piloto de helicópteros.

Bezos también se compró su propio periódico en 2013, el centenario *The Washington Post*.

Ya en 1998 había invertido un millón de dólares en Google y también 112 millones en Airbnb y 37 millones en Uber y, por supuesto, en Twitter... Y así sigue una larga lista. Bezos tiene buen ojo para los negocios.

Suele pasar mucho tiempo en su apartamento de 16 millones de dólares y casi 300 m² en Nueva York, adyacente a condominios por valor de 80 millones de dólares que ya posee. Bezos también compró dos apartamentos y un ático en un edificio neogótico renovado de 1912 con vistas al Madison Square Park.

Pero la joya de la corona es su mansión en Sunset Boulevard, que adquirió justo antes de la pandemia del coronavirus. Bezos pagó por ella 165 millones de dólares al productor multimillonario David Geffen. La finca, con ocho habitaciones y diez baños, contiene un estanque *koi* para alojar peces de esa especie, un jardín europeo, una piscina, cascadas y muchos, muchos árboles; un sueño de 165 millones de dólares.

También ha comprado enormes mansiones de estilo español en Beverly Hills, California, un rancho gigantesco en Texas, en Washington DC, etc. Amazon, la empresa de la que él es el mayor accionista, posee el 40 % del espacio de oficinas de Seattle. Según *The Seattle Times,* la compañía ha invertido casi 4000 millones de dólares en propiedades. A principios de 2021 superó los 75 000 empleados en el área de Seattle, donde tienen su sede Amazon y Microsoft, y los precios de las viviendas han subido un 125 % desde 2012, según datos de Zillow, por lo que se está volviendo imposible vivir allí si eres una persona normal con un sueldo normal.

Pero si hay algo que motive al hombre más rico de la historia de la humanidad es su empresa de vuelos espaciales tripulados Blue Origin. A Bezos se le queda pequeño el planeta Tierra: quiere conquistar el espacio. Bezos, el fanático de *Star Trek,* mira constantemente hacia el espacio exterior. Dice que le inspira desde que tenía cinco años. Lo conquistará también y hará realidad el sueño de muchos soñadores. Simplemente tuvo que pagar varios millones de dólares para poder acceder a un asiento para disfrutar de su vuelo de minutos.

Bezos cumplió su sueño: salió al espacio exterior. El viaje estelar de 10 min le costó miles de millones de dólares. Cuando regresó al planeta Tierra, dijo: «Quiero dar las gracias a todos los empleados de Amazon y a todos los clientes, porque vosotros habéis pagado todo esto».

Cientos de millones de consumidores y 1.3 millones de trabajadores han pagado el viaje del hombre más rico del mundo, que aspira a ser el hombre más rico de la historia de la humanidad; qué menos que dar las gracias: «Vosotros y vosotras habéis pagado mi vuelta por el espacio de 10 min. Gracias».

14

BEZOS, EL ASTRONAUTA VAQUERO

Musk, Bezos y Branson han inaugurado la carrera espacial del siglo XXI.

Durante décadas las naciones más poderosas han luchado por la conquista del espacio, pero la realidad es que solo doce personas han caminado sobre la superficie de la Luna, comenzando por Neil Armstrong. Todos los alunizajes tuvieron lugar entre julio de 1969 y diciembre de 1972 como parte del programa Apolo. Luego todo se estancó; era demasiado caro. Ahora la conquista del espacio está en manos de multimillonarios. Todos estos nuevos «conquistadores» del espacio dicen que tienen como misión salvar a la humanidad, crear las bases para que podamos abandonar este planeta en el que llevamos ya demasiado tiempo, y el que más arguye esto es Bezos.

Él eligió para su primer vuelo espacial a su hermano menor, Mark Bezos, y a la aviadora Wally Funk, de 82 años (la persona de mayor edad en ir al espacio). La otra plaza había que pagarla. Bezos abrió una subasta: la plaza sería para el mejor postor, y las ganancias irían a Club for the Future, la organización benéfica de Blue Origin centrada en el espacio que Bezos fundó en 2019 y cuya misión es inspirar a las generaciones futuras a ayudar a inventar el futuro de la vida en el espacio. Esta fundación acoge a cientos de estudiantes y uno de sus principales objetivos es crear «la constitución del espacio» para gobernar a la población humana que vive y trabaja en él.

 Ver presentación de Club for the Future sobre la creación de una constitución para gobernar la población humana que viva y trabaje en el espacio.

El 14 de julio de 2021 Blue Origin informó de que 19 organizaciones benéficas sin ánimo de lucro que motivaran a las generaciones futuras a seguir carreras en STEM y ayudaran a inventar el futuro de la vida en el espacio recibirían una subvención de un millón. Esos fondos eran posibles gracias a la reciente subasta del primer asiento pagado en el cohete New Shepard de Blue Origin. Entre las 19 organizaciones estaban:

- La Sociedad Nacional del Espacio (NSS), que se dedica a la creación de una civilización espacial que proporcione una voz ciudadana sobre la exploración, el desarrollo y el asentamiento espaciales. Su misión es promover el cambio social, económico, tecnológico y político para expandir la civilización más allá de la Tierra, asentar el espacio y utilizar los recursos resultantes para construir un futuro próspero y esperanzador para la humanidad.
- Space For Humanity, que está construyendo las bases para un futuro inclusivo en el espacio mediante la organización del primer Programa de Astronautas Ciudadanos Patrocinados del planeta, donde los líderes de cualquier condición social pueden postularse para tener la oportunidad de ir al espacio. A través de su programa de vuelos espaciales para ciudadanos, capacitación en liderazgo y esfuerzos de colaboración para educar al público, esta organización está preparando el escenario para crear un mundo mejor, tanto en la Tierra como en todo el cosmos.

- Mars Society, que es una organización internacional dedicada a promover la exploración y el asentamiento de Marte por medios públicos y privados.
- Sociedad Planetaria, que ha inspirado a millones de personas a explorar otros mundos y buscar otra vida.

Más de 7600 personas de 159 países participaron en la subasta de la plaza para realizar el viaje espacial (duró un mes), que concluyó el 12 de junio de 2021. La oferta ganadora fue de 28 millones de dólares.

Solo cinco días antes del vuelo Blue Origin comunicó quién era la persona ganadora de la subasta, pero decidió posponer el viaje a un futuro lanzamiento del New Shepard «debido a problemas de programación».

Obtuvo la plaza Oliver Daemen, un chaval de 18 años, hijo de Joes Daemen, CEO de Somerset Capital Partners (una firma de capital privado holandesa), quien pagó el billete pero eligió dejar que su hijo fuera en su lugar. Daemen se graduó en la escuela secundaria en 2020 y por lo visto se iba a tomar un año libre antes de comenzar en otoño en la Universidad de Utrecht en los Países Bajos. Ya sabes: conocer mundo, volar al espacio; ese tipo de cosas que hace la gente común. Según confesó Daemen a *Reuters,* Bezos le llamó personalmente y se quedó muy sorprendido cuando le dijo: «En realidad nunca he comprado en Amazon». Y Bezos respondió: «Oh, *wow,* hace mucho tiempo que no escuchaba a alguien decir eso».

Bezos no daba crédito a que hubiera alguien en el planeta Tierra que no hubiera comprado nunca en Amazon. A los 18 años Daemen sería la persona más joven en ir al espacio, y sin haber comprado nunca en Amazon. Alucinante.

En los meses previos a su viaje interespacial, Bezos escuchó muchas quejas sobre multimillonarios como él que canalizan su dinero hacia compañías privadas de cohetes en lugar de donar a causas en la Tierra, por ejemplo, para intentar cambiar que cientos de millones de personas en el mundo no tengan acceso a agua potable. En una entrevista a la CNN le preguntaron sobre las personas que piensan que estos viajes son «viajes de placer para los ricos, que deberían gastar su tiempo, dinero y energía tratando de resolver problemas aquí en la Tierra». Bezos respondió: «Bueno, en general tienen razón».

En 2017 en Cabo Cañaveral Bezos había respondido a una pregunta parecida: «He ganado esta lotería. Es una lotería gigantesca y se llama amazon.com. Y estoy usando mis ganancias para empujarnos un poco más hacia el espacio. Me siento increíblemente afortunado de poder hacerlo».

Bezos, Musk o sir Richard Branson nos llevarán a la Luna o a Marte. Y mientras, la NASA, la Agencia Europea Espacial, la Agencia Espacial Federal Rusa y la Administración Espacial Nacional de China reconocen sus dificultades económicas para proyectar grandes misiones. Solo China parece competir con los multimillonarios: en mayo de 2021 hizo aterrizar y desplegó con éxito un róver en Marte y anunció que enviará a una tripulación humana a este planeta en 2033 y establecerá una base allí; también cooperará con Rusia para construir una base en la Luna, donde ya tiene planes de enviar a astronautas, y lanzará una nave espacial que alcanzará una distancia de 100 unidades astronómicas (aproximadamente 9000 millones de millas) respecto a la Tierra en 2049.

¿Y ahora qué, Bezos? ¿Qué es lo siguiente?

1982. Bezos da un discurso en la escuela secundaria Palmetto de Miami. Había terminado el primero de su clase, por lo que se le eligió para hablar en la graduación de su curso.

En un artículo publicado el 20 de junio de 1982, el *Miami Herald* imprimió un resumen de los discursos de los estudiantes de secundaria locales en el que incluyó algunas frases que resumían el discurso de Bezos: «La idea es preservar la Tierra» o «el objetivo final es sacar a toda la gente de la Tierra y verla convertida en un enorme parque nacional». Bezos quería construir hoteles espaciales, parques de atracciones, yates y colonias para dos o tres millones de personas que orbitaran alrededor de la Tierra.

Casi dos décadas después, en 2000, creó su propia empresa de vuelos espaciales, Blue Origin. Y es que los archimillonarios quieren explorar el espacio; son los «nuevos exploradores». Bezos tiene su empresa, Blue Origin; Musk, de Tesla, cuenta con SpaceX, y Branson tiene Virgin Galactic.

Bezos ha declarado que su plan final para Blue Origin es colonizar el espacio. Pero mientras Musk está decidido a establecer colonias humanas en Marte, Bezos tiene los ojos puestos en la Luna. Entre ellos se reparten el espacio, como hace siglos los imperios se repartieron el planeta Tierra.

En 2017 Bezos declaró a su periódico, *The Washington Post,* que era hora de que EE. UU. regresase a la Luna, pero esta vez para quedarse en un asentamiento lunar permanentemente habitado.

Bezos tiene una misión superior: darle a la humanidad otras opciones de futuro. Ha creado la que será la mayor empresa comercial de todos los tiempos, pero no es suficiente; debe ir más lejos, ser más ambicioso.

El 9 de mayo de 2019 se subió a un escenario en un lugar muy cercano a la Casa Blanca. La sala estaba llena de miembros selectos de medios de comunicación, estudiantes de secundaria, ejecutivos de empresas «amigas», altos funcionarios del Gobierno y representantes políticos. Les dijo: «Mi plan es llegar a la Luna en 2024».

El hombre más rico de la historia de la humanidad, el fanático de *Star Trek,* sabe de los recursos finitos de este planeta: cada vez seremos más humanos, contaminación, cambio climático, etc. Bezos dijo desde el estrado que le preocupaba que el progreso tecnológico dependiera de un suministro de energía en constante crecimiento. En un par de siglos habremos superado cualquier fuente de energía razonable en la Tierra. ¿Bezos estaba pretendiendo decir que este planeta está agotando sus últimos días?

Pero el hombre más rico de la historia de la humanidad tiene la solución, que desveló desde el atril: salir del planeta e ir a colonias espaciales, enormes y muchas: «Se trata de estructuras muy grandes, kilómetros y kilómetros, y cada una con capacidad para un millón de personas o más». Bezos cree que habrá multitud de colonias de este tipo que albergarán a millones de personas sostenidas por la luz solar continua que llegará a la Luna.

Bezos está cartografiando el camino. La humanidad debe escucharle, seguirle. Es el líder. Tendremos que abandonar este planeta.

Musk también quiere salvarnos, y asimismo está obsesionado con esa misión superior, pero apuesta por Marte porque cree que ese planeta es más seguro si la Tierra es destruida por un asteroide. Bezos y Musk quieren llevarnos al espacio para salvar la Tierra, que no puede permitirse tanto humano.

Desde el estrado, Bezos parecía entusiasmado; describía una vida idílica en sus futuras colonias espaciales. Es más, serán increíblemente divertidas: cada una tendrá su propio tema y su función. Tendremos humanos viviendo en la Antigua Grecia y otros en la fantástica Roma. Es cuestión de imaginar. Y habrá granjas y selvas interplanetarias. Y tendremos taxis espaciales que nos llevarán de una colonia a otra en un día o menos, y todo será de nuevo maravilloso. Y «la mayoría de la industria pesada se trasladará de la Tierra a puestos avanzados espaciales alimentados por energía solar, que estará disponible en abundancia en el espacio».

En la presentación Bezos resultó muy convincente. En otros mundos podremos crecer exponencialmente, y cuantos más seamos, mejor: «Si estamos en el sistema solar, podemos tener un billón de seres humanos en el sistema solar, lo que significa que tendríamos mil Mozarts y mil Einsteins. Será un lugar mucho más interesante para vivir».

E incluso es posible que tengamos quinientos Bezos. Incluso...

Y para ello será necesaria la inversión privada. La Luna. Marte. ¿Pensará el hombre más rico de la historia de la humanidad que el negocio del futuro está en la colonización del espacio? Bezos ha dicho que su sueño de empezar a llevar a la humanidad a la Luna no es tan complicado de resolver; solo hay que desarrollar la logística y las infraestructuras en la Luna y, por supuesto, avanzar tecnológicamente para reducir los costes: «El trabajo de mi generación es construir la infraestructura», ha dicho. Si no queremos convertirnos en «una civilización de racionamiento», advierte Bezos, debemos expandirnos a las estrellas, donde «los recursos son, a todos los efectos prácticos, infinitos». Amazon es solo dinero; Blue Origin, su pasión. En los primeros años de Blue Origin Bezos financió personalmente su empresa (mediante la venta de mil millones de acciones de Amazon por año, reveló en 2017) y se centró en el turismo espacial como una fuente potencial de ingresos. Pero vio cómo SpaceX, de Musk, eclipsaba su empresa. Lucha de egos. Bezos afirmó: «Tendremos que dejar este planeta, y lo vamos a dejar, y haremos que sea mejor». Todos los periódicos nacionales se hicieron eco: si el hombre más rico de la historia de la humanidad dice que esto se acaba, es que sabe algo que nosotros no sabemos.

Bezos acababa de recibir el premio The Gerard K. O'Neill Memorial Award for Space Settlement Advocacy de la sociedad sin fines de lucro. Acumula premios. Quiere salvar a la humanidad y nos revela que nuestro futuro es multiplanetario. Está dispuesto a gastar su fortuna para lograr este fin superior. Los libros de historia del futuro se lo agradecerán. Y el primer paso para salvarnos, según él, es empezar por ir al espacio en las naves espaciales suborbitales de su empresa, Blue Origen. Pagando, claro, antes. Una cosa es salvar a la humanidad y otra ser tonto. Ya me entiendes...

Ese mismo mayo lo entrevistó Alan Boyle, de *GeekWire,* en la Conferencia Internacional de Desarrollo Espacial en Los Ángeles. Bezos declaró su admiración por Gerard K. O'Neill, físico estadounidense fascinado por la exploración espacial, profesor de la Universidad de Princeton y autor de su famoso libro de 1977 *Ciudades del espacio (The High Frontier: Human Colonies in Space),* que detalla cómo los humanos pueden construir hábitats espaciales giratorios en órbita terrestre baja utilizando un diseño que llamó *cilindro de O'Neill.* Los cilindros se diseñaron para recrear la gravedad de la Tierra y albergar a millones de personas para trabajar con el objetivo de resolver las principales preocupaciones a las que se enfrenta la Tierra, como el hambre, la superpoblación, la disminución de los recursos y la guerra. Bezos había asistido a algunos de los seminarios de O'Neill en Princeton.

En la entrevista Bezos se declaró admirador de las series *The Expanse,* desarrollada por Mark Fergus y Hawk Ostby, basada en la serie de novelas de Daniel Abraham y Ty Franck, y *The Culture,* basada en novelas y cuentos del autor escocés Iain M. Banks. Contó que creció leyendo ciencia ficción. Pasaba sus veranos en un pequeño pueblo de tres mil personas en el sur de Texas llamado Cotulla, a medio camino entre San Antonio y Laredo, donde había una pequeña biblioteca municipal con unos trescientos libros de ciencia ficción que un hombre de la ciudad había donado. Probablemente el 10 % de la biblioteca era ciencia ficción, y Bezos dijo que en el transcurso de muchos veranos leyó muchos, entre ellos a clásicos como Asimov y Heinlein, y que seguía con ese hábito de lectura de ciencia ficción ya que siempre le hacía pensar.

El entrevistador le preguntó cómo llegaríamos al espacio millones de personas y Bezos respondió aludiendo al profesor O'Neill, quien fue muy formativo para él, asegurando que cuando construyéramos nuestras propias colonias podríamos hacerlo en las cercanías de la Tierra porque la gente querría volver a ella: «Muy pocas personas, durante mucho tiempo al menos, querrán abandonar la Tierra por completo. La Tierra será un lugar muy importante al que poder regresar. Vas a querer ir y venir. Y tenemos recursos para crear espacio para un billón de humanos en este sistema solar». Bezos dijo que la otra alternativa, si nos quedáramos en este planeta, no era necesariamente la extinción: «Podemos defender este planeta, pero la alternativa es la estasis. Tendremos que dejar de crecer». Y ese es un futuro que Bezos no quiere para sus nietos o los nietos de sus nietos.

Bezos contó también ese día que en unos pocos cientos de años tendremos que cubrir toda la superficie de la Tierra con células solares si queremos seguir incrementando nuestro uso de energía: «Nos hemos vuelto más eficientes en el uso de la energía con cada década que pasa, pero aun así utilizamos más». Dijo que nuestra tasa metabólica como animal es de 100 W, que es lo que necesita el cuerpo humano. Nuestro poder metabólico es el resultado de tomar alrededor de 2000 calorías/día por la ingesta de alimentos y convertirlo en vatios. Pero nuestra tasa metabólica de civilización como miembros del mundo desarrollado es de 11 000 W. Y la pregunta es si queremos que eso continúe o congelarlo en el tiempo: «Si lo congelamos, habrá millones de personas que no puedan disfrutar de los 11 000 W. Habrá algunas restricciones aquí. Terminará dividiéndose en zonas de industria ligera y residencial, y trasladaremos toda la industria pesada y sucia fuera de la Tierra, donde podremos hacerlo de manera mucho más eficaz con energía solar las 24 h del día los siete días de la semana». Según Bezos, «la Tierra no es un buen lugar para hacer industria pesada. Es conveniente para nosotros en este momento, pero en un futuro no muy lejano, décadas, tal vez cien años, comenzará a ser más fácil hacer muchas de las cosas que hacemos actualmente en la Tierra en el espacio porque tendremos mucha energía. Esa será la "Gran Inversión"».

Boyle le preguntó cómo llegaremos de aquí a allá y Bezos le dijo que hay que reducir el coste de acceso al espacio para hacer estas grandes cosas. Y citó el lema de su empresa Blue Origin: «*Gradatim ferociter*» («Paso a paso, ferozmente»). «Tenemos que darnos prisa». E indicó que se pasó tres años, de 2000 a 2003, analizando todas las diferentes formas en las que podría salir de la Tierra con medios de propulsión distintos y más exóticos y llegó a la conclusión de que la mejor opción era la propulsión química. En realidad es una muy buena forma; el único problema es que los cohetes deben ser reutilizables: «Podemos reducir drásticamente el coste de acceso al espacio, lo que luego nos permitirá comenzar este largo proceso de mover toda la industria pesada». Y Bezos señaló que no lo hará una sola empresa: «No lo hará solo Blue Origin. No lo hará solo la NASA. No lo hará ninguna compañía en particular. Esto requerirá que miles de empresas trabajen en conjunto durante muchas décadas». Y explicó que uno de los grandes problemas de los negocios es que la gente tiene una especie de metáfora deportiva en la cabeza: siempre que dos empresas compiten, debe haber un ganador y un perdedor. Sin embargo, según él, los negocios no son como los deportes: en los negocios las industrias suben y bajan, no es un juego de suma cero, y a menudo hay varios ganadores. Bezos apuntó que eso es lo que hemos visto en Internet: miles de compañías han tenido éxito ahí de todos los tamaños y escalas; algunas muy grandes, como Amazon, otras medianas y otras pequeñas, pero es un gran grupo de organizaciones. La razón por la que todas pueden prosperar en Internet es porque el trabajo pesado ya estaba hecho. Y citó como ejemplo Facebook: dos chicos lo crearon y pusieron en marcha en 2004 desde su habitación y años más tarde se convirtió en una megacorporación, pero en ese momento, si hubieran querido hacer algo grande, como una empresa espacial gigante, no hubieran podido porque la infraestructura de carga pesada no estaba hecha. Bezos apuntó que cuando él comenzó en Amazon no tenía que construir un sistema de pago; ya existía: la tarjeta de crédito. No tuvo que construir la red de transporte; existía: se llamaba Deutsche Post, Royal Mail, UPS, FedEx, etc. Y del mismo modo, no tuvo que tener un ordenador en cada escritorio; ya estaba hecho: Microsoft había trabajado en ello y había instalado esa infraestructura pesada junto con IBM, Intel, Apple y muchos otros. Todas esas cosas serían muchas; decenas de miles de millones, en algunos casos cientos de miles de millones de dólares en gastos de capital que ningún joven de veinte años en su habitación podría invertir. Eso es ahora ser un emprendedor espacial: obtienes millones de dólares, no miles de millones de dólares, pero las cosas que quieres hacer actualmente costarían miles de millones de dólares. Bezos dijo: «Tenemos que cambiar eso y hacerlo lo más parecido a los últimos veinte años de Internet, donde hemos visto un dinamismo increíble. Y luego, cuando tengamos ese dinamismo empresarial en el espacio, haremos realidad la visión de Gerry O'Neill». Y declaró que ese era el trabajo más importante que estaba haciendo. Resultaba crucial.

Bezos dijo que su función era ayudar a construir esa infraestructura de trabajo pesado porque él tenía los activos financieros para hacerlo. Eso prepararía las cosas para esta explosión empresarial dinámica que conduciría a este mundo de O'Neill. Y para ello entregaría acciones de Amazon por valor de mil millones de dólares cada año y las destinaría principalmente a Blue Origin. Pero no lo veía como una acción de caridad para la humanidad, sino también como un negocio. En la entrevista dijo que la pregunta era: «¿estás mejorando el mundo?, ¿y puedes hacer eso en muchos modelos: en el Gobierno, en una organización sin fines de lucro y en una empresa comercial?, ¿es el mundo mejor porque Apple fue pionera en el teléfono inteligente?». Sí, eso cree Bezos. ¿Es el mundo mejor porque Boeing fabrica un 787 totalmente de fibra de carbono que es más eficiente en combustible que cualquier cosa que hayamos visto? Sí. Entonces, «si soy el hombre a cargo del Boeing 787, me siento increíblemente bien con mi contribución a la sociedad», pone de ejemplo Bezos. Y añadió que mucha riqueza en el mundo se crea mediante el intercambio justo de valor: «Eso es el comercio: el intercambio justo de valor. La gente inventa cosas nuevas y es pionera en cosas nuevas, y el mundo mejora».

Bezos afirmó también que la forma de pensar en esto era comenzar con la misión, trabajar hacia atrás y averiguar qué es mejor para ella: «Pero no importa cuál sea tu misión; ten algo en la cabeza. Olvídate del modelo, sea gubernamental o sin o con fines de lucro. Hazte la pregunta más importante: "¿Mi misión está mejorando el mundo?, ¿estoy seguro de eso?". Trata de desconfirmarlo todo el tiempo. Y, si puedes, cambia tu misión. Haz algo nuevo».

Boyle preguntó a Bezos qué pensaba sobre la iniciativa lunar de la Casa Blanca y él respondió que era un gran admirador, pero que no le gustaba saltarse pasos, y que siempre pensó que la idea de ir a Marte sin construir una base permanente en la Luna era... Creía que terminaría de la misma manera que lo hizo Apolo: lo haríamos, habría un desfile y luego cincuenta años de nada. Y por eso no le gustaba esa idea, que está fuera de secuencia. Y añadió que éramos muy afortunados por tener la Luna: «Está muy convenientemente ubicada. Ahora sabemos cosas que antes no. Sabemos que hay volátiles —se refiere a elementos como el potasio, el sodio y el zinc— atrapados en los cráteres oscuros de la Luna que están perpetuamente en sombra.

Sabemos que hay agua. Hay hielo ahí. Probablemente también haya otras cosas interesantes en esos cráteres. Y también sabemos que en los bordes de los cráteres en los polos de la Luna hay lugares con luz solar casi perpetua. Literalmente, hay algunos picos donde solo tienes alrededor de 10 h de oscuridad al año, y esos picos de luz perpetua están convenientemente ubicados justo al lado de las zonas oscuras perpetuas donde residen todos estos volátiles interesantes. Así que es casi como si alguien nos lo hubiera preparado».

Boyle le preguntó si estaba interesado en una asociación público-privada con la NASA para seguir adelante con esto y Bezos contestó que había propuesto algo llamado Blue Moon. Construirían un módulo de aterrizaje de carga que llevaría 5 toneladas métricas de carga a la superficie lunar y lo aterrizaría con precisión de una manera suave y controlada. Y añadió que lo harán de todos modos, incluso si la NASA no participa: «Lo haremos igualmente. Pero podrían hacerlo mucho más rápido si existiera una asociación».

Bezos terminó diciendo que ese día se había reunido con un grupo de adolescentes, estudiantes universitarios y niños más pequeños, y que fue muy inspirador para él: «Esa es la generación que tomará esta infraestructura de carga pesada que su generación va a construir y le dará un gran uso. Por supuesto que es una gran aventura. Por supuesto que a los humanos les gusta explorar, y deberíamos hacerlo. No hay nada de malo en eso. Pero es más que eso. Es esencial para nuestros hijos y los hijos de nuestros hijos».

Ver artículo de geekwire.com de mayo de 2008 sobre las declaraciones de Bezos: «Tendremos que dejar este planeta... y va a mejorar este planeta».

15
JEFF Y LA CARIDAD

El 28 de abril de 2021 el patrimonio de Bezos se disparó a 201 000 millones de dólares. No era la primera persona en la historia en tener un patrimonio mayor de doscientos mil millones de dólares. Bezos había sido vencido por Bezos: lo había conseguido en agosto de 2020.

Una vez que regresó al planeta Tierra, una de las primeras cosas que dijo vestido de astronauta y con un sombrero de vaquero fue que anunciaba una nueva iniciativa filantrópica: los premios Courage & Civility (premios al coraje y la civilidad). Donaría cien millones de dólares al experto y activista de la CNN Van Jones y al chef superestrella español, José Andrés.

El 14 de julio de 2021 Bezos se comprometió a donar doscientos millones de dólares al Museo Smithsoniano de Arte Americano de Washington D. C. y en 2020, diez mil millones de dólares para combatir el cambio climático a través de su organización Bezos Earth Fund.

Con los números en la mano, Bezos es uno de los mayores donantes de la historia. A julio de 2021 llevaba donados unos 13 000 millones de dólares. Pero hay algo de trampa en este dato: la inmensa mayoría de esos miles de millones son promesas de dinero futuro; «apenas» había donado realmente a esa fecha unos 1500 millones de dólares. Por ejemplo, del compromiso de diez mil millones de dólares en la Bezos Earth Fund había dado públicamente solo 791 millones de dólares a principios de 2021, con un plan para entregar la cantidad total para 2030. Sin embargo, su exmujer, MacKenzie Scott, que tiene una fortuna personal de unos 34 000 millones de dólares (casi seis veces menos que su exmarido), donó 1675 millones de dólares a 116 organizaciones en julio de 2020, en diciembre de 2020 realizó otra ronda de donaciones por valor de 4100 millones dólares a 384 grupos y en junio de 2021 llevó a cabo una tercera ronda de 2700 millones de dólares a 286 grupos; en total, casi 8500 millones de dólares, que fueron a parar a alrededor de 780 grupos caritativos. La Bezos Earth Fund, a diferencia de lo que ocurre con las donaciones de la exmujer de Bezos, se centra sobre todo en unos pocos grupos «grandes ecologistas». Según Marketwatch son cinco: el Fondo de Defensa Ambiental (Environmental Defense Fund [EDF]), The Nature Conservancy (TNC), el Fondo Mundial para la Naturaleza (World Wildlife Fund [WWF]), el Instituto de Recursos Mundiales (World Resources Institute [WRI]) y el Consejo de Defensa de los Recursos Naturales (Natural Resources Defense Council [NRDC]). Estas organizaciones tradicionalmente han tenido más influencia en la política; por ejemplo, la exdirectora ejecutiva del NRDC, Gina Mc-Carthy, es ahora la primera Asesora Nacional del Clima de la Casa Blanca, una de las personas de confianza de Joe Biden. Además se trata de grupos que históricamente han trabajado más de cerca con corporaciones en iniciativas de sustentabilidad, como el EDF.

En 2018 Bezos estableció el Bezos Day One Fund, que tiene como objetivo crear una red de centros preescolares sin fines de lucro y organizaciones de ayuda que trabajan con personas sin hogar. En 2021 había donado poco más de trescientos millones de dólares de los dos mil millones que prometió que iba a dedicar a esta iniciativa.

Según Americans for Tax Fairness y el Institute for Policy Studies, del 18 de marzo al 7 de diciembre de 2020 la riqueza de Bezos aumentó en un 63 %, de 113 000 a 184 000 millones de dólares. En 2019 el fundador y director ejecutivo de Amazon había donado bastante menos: 145 millones de dólares o, lo que es lo mismo, el 0.0906 % de su fortuna, mucho menos del 1 % de su patrimonio neto e infinitamente menos que los ultramillonarios de ese año. En otras palabras: Bezos era la persona menos solidaria del planeta hasta 2019.

La filantropía de los millonarios

MILLONARIOS	VALOR NETO DE SU FORTUNA	DONACIONES CARIDAD	PORCENTAJE DE DONACIONES SOBRE EL TOTAL DE SU FORTUNA
Bill and Melinda Gates	$96B	$36B	37%
Warren Buffett	$83B	$30B	36%
Michael Bloomberg	$46B	$6B	13%
Mark Zuckerberg & Priscilla Chan	$54B	$2B	4%
Donald Trump	$3B	$102M	3%
Jeff Bezos	$160B	$146M	.0906%

Fuente: The Chronicle of Philanthropy, Forbes, IRS. https://nypost.com/2019/01/26/jeff-bezos-gives-a-pitiful-amount-of-his-160b-fortune-to-charity/

En abril de 2022, *The New York Times* publicó un artículo donde hablaba del «antagonista caritativo» de Jeff Bezos, de su ex mujer MacKenzie Scott.

Cuenta que Mackenzie fue una niña privilegiada, que dejó un internado de Connecticut después de que su familia se declarara en bancarrota. En la universidad estudió escritura creativa con la aclamada novelista, ensayista, editora y profesora estadounidense Toni Morrison, que ganó el Premio Pulitzer en 1988 y el Premio Nobel de Literatura en 1993. A partir de entonces, Morrison se convirtió en su mentora y la ayudó a lograr el objetivo de convertirse en novelista.

Recién graduada, MacKenzie comenzó a trabajar en D. E. Shaw, donde conoció a Jeff Bezos y se casó con él.

25 años después se separaron y Scott abrió una compañía llamada Lost Horse LLC, con sede en Seattle, que supervisa sus donaciones filantrópicas, entre otros proyectos.

Su primera gran declaración, una vez separada de Bezos, fue a través del sitio web Giving Pledge, fundado por Bill Gates, Melinda French Gates y Warren Buffett como un lugar donde los

multimillonarios prometían regalar al menos la mitad de su riqueza. Scott fue más allá, prometiendo «mantenerse hasta que la caja
fuerte esté vacía».

Su repentina avalancha de donaciones ha llegado a más de 1000
grupos, desde organizaciones benéficas poco conocidas hasta organizaciones convencionales como Hábitat para la Humanidad, que en
marzo de 2022 recibió 436 millones de dólares.

Scott no ha cesado de hacer donaciones, pero siempre se ha querido mantener en un segundo plano, y no alardear de ello. Pero la
realidad es que en 2022 se convirtió posiblemente en la filántropa
más importante del mundo.

Los registros públicos muestran que Lost Horse tiene una oficina
propia en un nuevo edificio en Seattle y se conocen algunos nombres
de personas que trabajan en Lost Horse, pero poco más. Según *The
New York Times*: «Hay un secreto absoluto en torno a las operaciones
de Lost Horse, no hay placa de identificación en el vestíbulo y la del-
gada ventana rectangular en el piso de Lost Horse está empapelada».

Ver artículo de *The New York Times* sobre
la fortuna de MacKenzie Scott.

En septiembre de 2022, MacKenzie Scott anunció que se separa-
ba de su segundo esposo Dan Jewett, el exprofesor de ciencias. En
tan solo 3 años, desde el divorcio de Jeff Bezos hasta este momento,
ha donado más de 12 000 millones de dólares a organizaciones sin
fines de lucro, es decir, 12 millones de donaciones cada día.

En agosto de 2022, MacKenzie Scott donó también dos casas en
Beverly Hills valoradas en un total combinado de 55 millones de dólares, a la Fundación de California.

Scott se había convertido en la filántropa más influyente del
mundo. Y Jeff Bezos simplemente en el rival de Elon Musk para ser
el hombre más rico de la humanidad.

En octubre de 2021 Jeff Bezos hizo una donación en una gala
benéfica de Hollywood repleta de estrellas. Fue acompañado por su
novia Lauren Sánchez. Bezos donó medio millón de dólares. En total, el evento recaudó 8.5 millones de dólares. Algunos periódicos

informaron que un asistente anunció en la gala que donaba un millón de dólares, el doble de la persona que, según la lista *Forbes* 2022, tenía una fortuna de 171 mil millones de dólares. Tomando el índice de multimillonarios de *Forbes* en su lista del año 2022, el ingreso semanal de Jeff Bezos era de 3167 millones de dólares por semana, aproximadamente el PIB anual de Andorra en 2019. Bezos ganaba casi 19 millones de dólares a la hora. Es decir, aquel día donó lo que ganaba en un segundo y medio.

En febrero de 2022, según *Robb Report*, Jeff Bezos había hecho efectivo un total de donaciones por valor de 1.5 mil millones de dólares (aproximadamente el 0.01 % de su patrimonio neto), mientras que MacKenzie había donado 8.6 mil millones de dólares (alrededor del 18 % de su patrimonio neto)

En la lista *Forbes* 2022 de las personas más ricas del planeta había 2668 multibillonarios (87 menos que en 2021). Estas 2668 personas tenían un patrimonio conjunto de 12.7 trillones de dólares. Según el Banco Mundial solo hay dos países en el mundo que tienen un PIB superior a la fortuna conjunta de esas personas: Estados Unidos (20.89 trillones de dólares), y China (14.72 trillones de dólares). El FMI espera que la economía mundial alcance casi 104 trillones de dólares en valor nominal para fines de 2022.

Es decir, en un planeta de 8000 millones de personas, aproximadamente el 12 % de la economía mundial está en manos de 2668 personas. Una de ellas, la segunda mayor fortuna del planeta según la lista de multimillonarios, es Jeff Bezos.

Las Naciones Unidas declararon el día 19 de noviembre el día del retrete. 3600 millones de personas en el mundo, (el 45 % de la humanidad), carece de acceso en su vida diaria a un retrete que funcione correctamente. Según las fuentes, se estima que entre 500 y 1000 millones de personas tienen que hacer sus necesidades al aire libre diariamente, porque ni siquiera tienen acceso a uno.

Hay que huir siempre de la demagogia de los datos y de sus interpretaciones, pero hay datos que si obviamos colectivamente los que habitamos en la parte agradable del mundo, la brecha se agigantará hasta el infinito.

16

BEZOS, DESCOMUNALMENTE GENIO

¿Hasta dónde llegará Jeffrey Preston Jorgensen? Quizás haga como su «antecesor suprabillonario», John D. Rockefeller (llegó a tener una fortuna equivalente al 1.52 % del PIB de EE. UU.), quien al final de su vida se entregó a la filantropía. Parece que Bezos se inclina más por salvar a la humanidad, salvar al planeta Tierra.

Bezos tiene sus cosas pero es un genio. Todo el mundo lo sabe. Si buscas en Internet, solo encontrarás datos que demuestran que la persona que será la más rica de la historia de la humanidad sería imposible que lo fuera si no resultara un genio. Bezos es rival de Musk, y Musk es rival de Bezos. Tecnorrivales. Dos genios con sus peculiaridades. Como superhéroes que no terminan de llevarse del todo bien, hay una carrera por llegar primero a los libros de historia y otra más mundana, pero quizás más interesante, por ser el más rico de la historia de la humanidad.

Bezos y Musk, los dos hombres más ricos del planeta Tierra, se odian. La culpa la tiene la conquista del espacio. Starlink, el proyecto de Musk, plantea poner en órbita 12 000 nanosatélites, de los que ya ha lanzado 1200 y ha pedido autorización al Gobierno de EE. UU. para moverlos a órbitas más bajas para mejorar sus prestaciones.

Ver artículo de eoportal.org sobre Starlink, el proyecto de desarrollo de una constelación de satélites que está llevando a cabo SpaceX.

Por su parte, Blue Origin, su empresa rival, cuyo fundador es Bezos, no está de acuerdo, ya que puede poner en peligro el Sistema Kuiper, una red de 3236 satélites que también dará conexión global a Internet y donde Bezos ha invertido más de diez mil millones de dólares.

Ver artículo de spacenews.com: «Amazon planea una constelación de 3236 satélites para conectarse a Internet».

En noviembre de 2021 Amazon anunció que los dos primeros prototipos de satélites del Proyecto Kuiper están programados para lanzarse en el cuarto trimestre de 2022. En ese preciso instante se iniciará formalmente su competencia con SpaceX por transmitir conexiones de Internet de alta velocidad a clientes desde la órbita terrestre baja.

Muchos analistas e inversores piensan que el negocio del futuro está en la guerra de los archimillonarios por conquistar el espacio. Amazon puede ser un juego de niños para lo que viene. Si Bezos ha ganado dinero con Amazon y hoy su fortuna es mayor que la mayoría de los PIB del mundo, con lo de la conquista del espacio podría comprar el planeta Tierra. Muchos defensores de la seguridad espacial están levantando la mano y diciendo que no están de acuerdo con todo esto, ya que temen colisiones de satélites que darán lugar a una contaminación en órbita. La Comisión Federal de Comunicaciones, que regula las comunicaciones por satélite a tierra, aprobó la red de Amazon en 2020 y dio a la compañía un plazo para lanzar la mitad de sus 3236 satélites a mediados de 2026.

Musk, SpaceX, a mayo de 2021 iba claramente por delante en la carrera espacial. Musk ganó a Bezos un contrato con la NASA de 2900 millones de dólares, pero al poco tiempo la NASA suspendió temporalmente la licitación, pues Blue Origin y Dynetics (contratista habitual de Defensa) presentaron alegaciones. Blue Origin definió la adjudicación como defectuosa y aseguró que la NASA «movió los postes de la portería en el último minuto».

 Ver artículo de space.com: «Blue Origin y Dynetics protestan ante la GAO después de que SpaceX gane el contrato del alunizador de la NASA».

Musk respondió desde Twitter con una especie de juego de palabras con una imagen de Bezos presentando su prototipo de transporte lunar donde puso: «*Can't get it up (to orbit) lol*». Algo así como que no se le levanta.

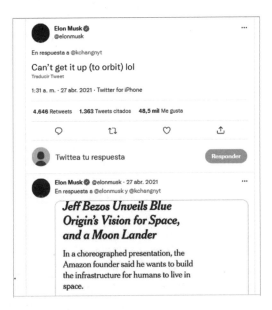

Bezos y Musk saben que el ganador de la batalla espacial será coronado en los próximos años y deben pelear, odiarse, despreciarse: hay un negocio de miles de millones en juego. Los billonarios siempre han odiado a los billonarios. Bezos y Musk fueron niños prodigio; hacían cosas raras que no hacían el resto de los niños, como intentar desmontar una cuna con un destornillador (Bezos) o leer cien libros a los once años (Musk). Ambos tuvieron padres conflictivos: el padre de Bezos le abandonó a él y a su madre al poco tiempo de nacer, y por lo visto el padre de Musk no fue lo que se dice un padre ejemplar. Pero quizás la biografía de Musk es más extraordinaria: por lo que cuenta, se enseñó a sí mismo programación informática a los doce a trece años. A los trece años ya ganaba dinero vendiendo juegos. Luego se licenció en física y economía y fundó con su hermano una empresa llamada X.com. En 2003 se fusionaron con otra empresa y formó PayPal. El pelotazo vino cuando vendió su participación por 150 millones de dólares. Bienvenido al mundo de los millonarios.

Por lo que cuenta, como tenía tanto dinero y mucho tiempo, le dio por estudiar ciencia espacial y fundó una empresa llamada SpaceX. Y, claro, como tenía tiempo y ojo para los negocios, se dio cuenta de que eso de los coches eléctricos tenía un futuro brillante, así que creó Tesla. Además, fundó otras compañías, como Hyperloop (cuyo objetivo era el transporte a más de 800 km/h), Neuralink (empresa de neurotecnología especializada en el desarrollo de interfaces cerebro-ordenador e implantables con el pomposo nombre de Brain-Machine Interfaces) o SolarCity (centrada en la energía solar).

La infancia y la juventud de Bezos parecen más «normales», salvo que no fueron «normales». Jacklyn Bezos, con apenas 17 años y en secundaria, dio a luz a su hijo, Jeffrey Preston Jorgersen, en 1964. Los administradores de la escuela secundaria le dijeron que no se le permitiría terminar su educación allí y la echaron a la calle. Más tarde la dejaron regresar bajo condiciones estrictas, y Jacklyn se graduó. Después se divorció del padre biológico de Bezos, Ted Jorgensen (una persona con la que jamás volvió a tener trato Bezos y que moriría unos años después). Jorgensen no volvió a saber de su exmujer y de su hijo. Años después fue localizado por Brad Stone, el autor del magnífico libro *The Everything Store: Jeff Bezos and the Age of Amazon (La tienda de los sueños: Jeff Bezos y la era de Amazon)*. Stone estaba documentándose y llegó hasta Jorgersen, quien vivía en Glendale, Arizona, donde pasó el resto de su vida hasta su muerte en 2015. Jorgensen era dueño de una tienda de bicicletas, Road

Runner Bike Center. Cuando Stone le preguntó si conocía a Bezos, una de las personas más ricas del mundo, Jorgersen le dijo que no.

Por lo visto nunca volvió a saber de su hijo biológico. ¿Cómo debe ser saber que has abandonado a un niño que más tarde se convertiría en una de las personas más poderosas de la Tierra? Buena pregunta. Jorgersen ya no puede responderla.

Ser hijo de una madre soltera nunca es fácil, y menos en esos años. Y supongo que no resulta muy agradable saber que tu padre biológico simplemente un día desapareció y no hizo nada por volver a verte. Ese tipo de cosas marcan la personalidad, ¿no?

Bezos, muchos años después, cuando era el hombre más rico del mundo, en un debate con David Rubenstein en el encuentro anual del Club Económico de Washington D. C., dijo: «Mi papá es mi papá verdadero, no mi papá biológico. Su nombre es Miguel. Es un inmigrante cubano. Llegó aquí como parte de la Operación Peter Pan». Así presentó Jeff a su padre, Miguel Bezos, quien llegó a la costa este de EE. UU. de Cuba a Miami como parte de esta operación que entre diciembre de 1960 y octubre de 1962 sacó a más de 14 000 niños de Cuba. Bezos crece en aparente normalidad con una familia reconstruida: su madre se casó con Miguel Bezos cuando él tenía cuatro años. Pasaron los años y Bezos permanecía los veranos en el rancho de su abuelo materno. Fue al colegio. Siempre sacó buenas notas. Pero hubo un momento decisivo en la vida de Bezos: según él mismo cuenta, a los cinco años, en 1969, recuerda haber visto a Neil Armstrong aterrizar en la Luna... Y esa imagen cambió su vida, sus deseos, todo.

En 2016 confesó al periodista Charlie Rose que justo en ese momento, con cinco años, mientras quinientos millones de espectadores en todo el mundo veían la llegada del hombre a la Luna, se enamoró de la idea del espacio y la exploración y los viajes espaciales. Y añadió: «Una persona no elige sus pasiones, las pasiones la eligen a ella». Y él estaba infectado con esa idea: nunca pudo dejar de pensar en el espacio. Ha estado pensando en él desde entonces.

Ver entrevista de Bezos para Charlie Rose en octubre de 2016.

Jeff era un chico de cinco años que vio al hombre pisar la Luna, como otros muchos millones de niños, pero él era alguien especial, alguien que aspiraría a ser la persona más rica de la historia de la humanidad. Fue al preescolar Montessori (los hermanos Page, de Google, y Jimmy Wales, de Wikipedia, estudiaron también con el método Montessori), donde por lo visto resultó un alumno «extremadamente disciplinado». Más tarde, con unos doce años, Bezos fue un estudiante modelo, como perfiló (bajo un nombre falso) en 1977 Julie Ray en su libro *Turning on Bright Minds: A Parent Looks at Gifted* Education *(Encendiendo mentes brillantes: un padre mira la educación para superdotados en Texas),* que curiosamente se vende en Amazon[1].

En la página de Amazon hay un comentario escrito el 2 de diciembre de 2013 que sigue ahí sobre ese libro de un tal P. Dean, quien dice: «Jay Mathews en *The Washington Post* escribe: "En su libro de 1977, *Encendiendo mentes brillantes: un padre mira la educación para superdotados en Texas,* Julie Ray describió a un estudiante de sexto grado de Houston al que llamó Tim. Estaba en el ambicioso programa de educación para superdotados de una escuela pública que más tarde se llamaría Vanguard. Tim estaba leyendo docenas de libros y tenía varios proyectos científicos en marcha. Estaba encuestando a los compañeros de clase para calificar a todos los profesores de la escuela. Le encantaban las discusiones en grupos pequeños de la escuela, donde era libre de compartir sus ideas más locas". Leí sobre Ray y su tema, Tim, en el nuevo libro de Brad Stone, *La tienda de los sueños.* El verdadero nombre de Tim era Jeffrey P. Bezos».

Hoy Bezos se mueve por disciplinas: se levanta temprano, se acuesta temprano, lee el periódico, desayuna... Todo inconscientemente cronometrado. Cumplir los tiempos es bueno para crear una rutina que te ayude a ser el genio más grande de los negocios que conoció este planeta. Fija su primera reunión de la mañana a eso de las 10 de la mañana. Dice que le gusta lleva a cabo sus «reuniones de alto coeficiente intelectual» antes del almuerzo porque a las 5 de la tarde ya es tarde y no es un problema de hoy, sino de mañana. Se precisa una rutina, descansar, involucrarse, y también tener tiempo para no hacer nada, pero todo inteligentemente calculado.

Bezos declaró a *Forbes* en 2018 que sus compañeros le felicitan después de presentar los resultados financieros trimestrales y le dicen: «Buen trabajo, ha sido un gran trimestre», a lo que Bezos contesta: «Gracias, pero ese trimestre es cosa de hace tres años. Ahora mismo estoy trabajando en el primer trimestre de 2021».

Bezos cree que lo importante son las ideas y confiesa que siempre las tiene. Si una semana sus directivos no tienen una lluvia de ideas en las reuniones, se queja.

A los cinco años Bezos vio cómo el Apolo 11 aterrizaba en la Luna y aquello se le quedó grabado. Desde pequeño le encantó leer ciencia ficción: Asimov, Julio Verne, etc. Bezos se confiesa *nerd* y un friki de los datos. En sexto grado desarrolló una encuesta estadística para evaluar a sus maestros: quería calificar científicamente cómo enseñaban sus profesores. Tantos años después, hoy, las decisiones que se toman en Amazon se basan en métricas.

Termino su historia igual que la empecé. Bezos ha tocado la gloria, pero no siempre lo tuvo fácil. Él era diferente. No podemos olvidar que Bezos es el niño abandonado por su padre, el niño que prefería estar encerrado en su habitación leyendo en vez de jugar con otros niños al béisbol; el joven que no tenía éxito con las chicas; el mejor de su clase, al que los chicos más grandes empujaban en el patio; el chico que aprendió a tener un plan para todo; el joven más prometedor de Wall Street y que echó su impresionantemente prometedora carrera por el retrete al ver una estadística; el joven que se pregunta si su futura esposa podría sacarle de una prisión del Tercer Mundo para decidir si es la mujer de su vida; el hombre que viste mal, delgado y desgarbado; el de la risa estruendosa que se hace fotos haciendo el loco; el fan de *Star Trek;* el hombre que conduce con su recién esposa en busca de un sueño; el que empaqueta los pedidos y hace trampas diciendo que tiene un millón de libros en su minúsculo almacén; el que no respeta las reglas del sector; la persona a la que todos veneran y que todos odian; el que está a punto de morir pero no lo hace; el que ve más allá que los demás; el que de un día para otro es multimillonario; el peor jefe del mundo, que cree que los empleados son vagos por naturaleza; el hombre que viste trajes carísimos y ahora está musculado; el genio que crea la empresa más brillante de todos los tiempos; el que se divorcia de su esposa que le ayudó a crear a su criatura y se enamora de una periodista latina; el hombre que intercambia números de teléfono con príncipes herederos de Arabia Saudí y al que al poco tiempo hackean su teléfono; el que está obsesionado con la satisfacción individual de sus clientes pero no paga impuestos para que las comunidades donde viven sean mejores; el hombre que representará nuestra era; el que aparecerá en los libros de historia; el que salvará a la humanidad o el que ve en la salvación de la humanidad el negocio del siglo XXI; el astronauta vaquero...

¿Quién eres, Bezos?

NOTAS

Capítulo 2

1. https://twitter.com/cstack
2. https://wwals.net/about/news/news-2019/
3. https://www.linkedin.com/in/joquarterman/
4. https://www.linkedin.com/in/shelkaphan/
5. https://www.amazon.es/Fluid-Concepts-Creative-Analogies-Fundamental/dp/0465024750
6. https://www.linkedin.com/in/paul-davis-561b8411/
7. https://www.linkedin.com/in/eric-benson-89b9763/

Capítulo 3

1. https://www.elliottbaybook.com/

Capítulo 6

1. https://www.linkedin.com/in/markbritto/
2. https://www.linkedin.com/in/warren-jenson-760a1b17/
3. https://www.linkedin.com/in/diego-piacentini/
4. https://www.linkedin.com/in/warren-jenson-760a1b17/
5. https://www.linkedin.com/in/jdavidrisher/details/experience/

Capítulo 9

1. https://www.linkedin.com/in/richarddalzell/

Capítulo 12

1. El plan 401(K) es un plan que hacen las empresas norteamericanas. Se trata de una cuenta de jubilación patrocinada por la compañía a la que los empleados pueden contribuir con ingresos, mientras que los empleadores pueden igualar las contribuciones. https://www.personalcapital.com/blog/retirement-planning/what-is-a-401k-a-comprehensive-guide/
2. https://sostenibilidad.aboutamazon.es/informacion/the-climate-pledge

Capítulo 17

1. https://www.amazon.com/Turning-bright-minds-parent-education/dp/B0006CTR1A

«TRABAJA DURO, DIVIÉRTETE, HAZ HISTORIA»

JEFF BEZOS —

«SI PRETENDES QUE NADIE
JAMÁS TE CRITIQUE,
ENTONCES NO HAGAS
NADA NUEVO»

— JEFF BEZOS —